那山水 那文化

——沿边自然生态景观与民俗文化研究

江波　江芷易　著

中国建筑工业出版社

图书在版编目（CIP）数据

那山水　那文化：沿边自然生态景观与民俗文化研究 / 江波，江芷易著 . — 北京：中国建筑工业出版社，2019.10
ISBN 978–7–112–24275–7

Ⅰ.①那… Ⅱ.①江… ②江… Ⅲ.①自然景观 — 研究 — 大新县 ②俗文化 — 研究 — 大新县 Ⅳ.① K928.706.74 ② G127.674

中国版本图书馆 CIP 数据核字（2019）第 217755 号

本书以实地调研为基础，通过对沿边大新县的自然景观和壮族文化历史源流、分布特点、形成背景、演进发展、与地域民族文化习俗的关系，以及自然景观类型、空间要素、构架体系、地域建造程序、建筑特色等诸方面，深入剖析了那山水、那文化产生与发展的缘由及其对环境适应性的特点；同时通过分析，提出沿边自然景观民俗形态的文化价值及其在当代城乡建设，以及打造美丽乡村、生态乡村进程中的现实意义。本书适用于自然生态景观、生态乡村建设行业的从业者，以及地方职能部门和爱好者阅读。

责任编辑：孙　硕　李东禧
责任校对：李欣慰

那山水　那文化
——沿边自然生态景观与民俗文化研究
江波　江芷易　著

＊

中国建筑工业出版社出版、发行（北京海淀三里河路9号）
各地新华书店、建筑书店经销
北京点击世代文化传媒有限公司制版
北京缤索印刷有限公司印刷

＊

开本：787×1092毫米　1/16　印张：9½　字数：243千字
2019年10月第一版　2019年10月第一次印刷
定价：98.00元

ISBN 978-7-112-24275-7
（34783）

地方叙事与山水情怀

文／王国伟

依据经验、记忆、欲望和身份来区隔空间和地方，空间既是地方的，也是全球的。作为词语的"空间"是抽象的，是时空概念意义的判断，需要各种具体的、明确的、人性的、鲜活的地方内容来填补。江波教授的《那山水、那文化——沿边自然生态景观与民俗文化研究》提供了这样一个地方叙事的样本。显然，语词意义的"那山那水"是自然存在，但在当代文化视野中却是他者。

全球化全要素流动的今天，技术赋权和工具思维背景，单一文化霸权方式，同质化的后果，会带来更多意义的丢失，因此，我们必须谨防遁入一种历史的虚无。在世界文化资讯从西向东单向流动，已经转变为东西循环流动时，断裂、混杂、弥合使得文化多样性的力量普遍崛起，地方经验和信息密码，完全超越了传统学科界定的文化层级和分类模式，以其独特性和地方性价值，强势融入世界信息流动的洪流之中。

而这种地方国际化叙事建构，还是需要以面对面接触为标志，依赖专业的细致观察、爬梳，挖掘出隐藏在山水风物、风土人情，甚至是历史尘埃中的物质细节和精神基因，再予以转化为文化叙事。除了涵盖在场所有物质事物，还包括物质和人文内容的纠合，才能梳理和研究出与不在场勾兑关系的脉络和路径。他者才完成意义建构。由此，我们不得不去认真面对地方，去亲近地方的山水自然和历史文化积淀，这种亲近不仅是游山玩水或娱乐自然，更需要投入情感、倾注心血，保持真诚，像江波教授一样，沉浸在他钟情的山水自然之中，才能在一堆物质材料中，推衍出山水的大美，感受到历史远方的诗意和内在的隐喻。列斐伏尔认为：世界是一个蜘蛛结网的结果，复杂流动创造空间。福柯认为：地方与全球的区隔和差异，是生命权力运演导致异性地质学的产生。他们建立的"连接与区分、总体与局部、时间与空间"三个坐标，依然需要一个共同的操作底盘，才能使得思想可以流动和分享。

基于身体维度的经验，准确描述事物真实的地方；基于感受和认知模式，再现地方空间的观念，产生精神化的想象的地方；基于知识和思考的脑力激荡，融构一个真实和想象的理论化的抽象异质空间和地方，三个层次的有效实践，才能完成真正意义上的山水自然、文化自然、内心自然的无缝对接，才能建构共同的操作底盘，实现地方遗产资源的人类共享，才能成为人类情感认同和情感投资的最大理由。这也是此书带给我们最大的启迪和惊喜。

活生生的地方，经验与非经验，自然与文化，物态与动态，建构与解构，复杂与单纯，都在特定场景和地方空间中展开，给我们创造出如下阅读后果：唤起历史记忆，营造地理乡愁，再现往昔空间，感受地方温暖。一切都那么美好！

是为序。

作者：王国伟，同济大学教授、博士生导师；著名出版人；城市、艺术、媒体批判家。

乡归何处？
晚风吹来稻花香

文／李超德

《那山水 那文化——沿边自然生态景观与民俗文化研究》是江波教授主持的 2016 年文化部文化艺术研究项目"基于沿边民族文化特性的景观设计研究"的著作成果，作为他的学术同道，在专著付梓印刷前写上一些前赘之语，以示祝贺。

江波教授近年来深入到广西大新县壮族民众生活的村寨与聚落进行广泛的田野调查，为原生态乡野的美丽景观所感染，伴随着泥土的芬芳，从自然、景观、建筑、土司、民俗、美食文化多个维度，感触壮乡的山山水水、淳朴民风、生态自然给予人们的惠赐，并以此为研究个案，迎着晚风吹来的稻花香，体会暮归牧童背衬着的晚霞，走向炊烟袅袅村落的沁人心肺的诗意画面。江波教授的研究不由地让我想起近年来设计界的热门话题"新农村建设""设计扶贫"和"新乡村主义"，进而延展到"艺术乡建"的思考。

继"新农村建设"之后，"设计扶贫"一词大概是近年来设计界出现率最高的词汇之一。"设计扶贫"的理论，源自 2013 年 11 月习近平总书记到湖南湘西考察时首次作出的"实事求是、因地制宜、分类指导、精准扶贫"的重要指示。

2014 年 1 月，中共中央办公厅又详细规制了精准扶贫工作模式，做好顶层设计，推动了"精准扶贫"的真正落地，可以说这是对"新农村建设"思路的进一步完善。2014 年 3 月，习近平参加两会代表团审议时又强调要实施精准扶贫、瞄准扶贫对象，进一步阐明了精准扶贫的科学理念。

精准扶贫，设计在行动，深入贫困地区因地制宜落实"设计扶贫"方案，许多个案根据不同地区、不同行业有的做到了一业一品一方案，一村一户一办法，提供个性化设计帮扶服务。特别是坚持协同创新的扶贫路径，调动地方政府、高等院校、科研机构和设计企业的协同作用，创新设计扶贫方式方法，探索多样化合作双赢路径，建立设计援助服务平台，推动以扶智带动脱贫下的设计扶贫受益范围等措施深入人心。但是，其中考量的重点多为如何脱贫？如何融入城市化？

需要进一步思考的是"新农村建设"中对传统乡村聚落改造的成败经验，一方面维护乡村的生态肌理，另一方面让都市人留有心中的诗和远方，则加深认识了今天"设计扶贫""艺术乡建"的深层含义，进而从环境、自然、人文、物质、非物质等方面全面立体地理解新乡村主义和"艺术乡建"，理解江波教授依恋的那山那水对于人类生活的意义。2018 年 11 月 24 日，"2018ADCS 第十二届亚洲设计文化学会国际研究发表大会"在华侨大学厦门集美校区"王源兴国际会议中心"召开，可以说为全面理解"设计扶贫"作了强有力的理论背书，也为我们深刻认识在乡村营建与改造中如何树立以农民为主体的意识，留住乡愁，提供了思考的轨迹。特别是会议以"设计文化与地域"为主题，在"设计助力地域发展沙龙"环节，来自日本千叶大学的宫崎清教授发表了题为"意匠＝感动力"的演讲。宫崎先生的演讲，为我们诉说了 20 世纪日本经济腾飞过程中遭遇到我们今天同样遭遇的乡村空洞化问题。他从明治时代学界前辈将西方外来词语"design"译成"意匠"（日文里汉字的"意匠"即指"意念加工"的意思）说起，讲到 20 世纪六七十年代经济成长导致日本乡村躯壳化，再说到都市化时代传统文化、生活价值如何重塑，以及福岛核泄漏事故之后，宫崎清为乡村手艺人颁发"宫崎清奖"时，一位 96 岁乡村受奖手艺人所说的那句"没有关系，我们很坚强"时透露出的悲壮，不仅让宫崎先生在演讲现场热泪盈眶，让我们感受到宫崎先生面对乡野手艺的炽热温情，也让我联想到设计界肩负的"设计扶贫"的重任。可以说他的动情演讲是我近几年来听到的最有温度的谈论设计价值观的

演讲。为此，我也脱离原稿即兴呼应了宫崎清的演讲。

围绕"设计扶贫""新农村建设"等热门话题，多维度深度思考什么样的乡村营建与改造设计是有价值的？所谓"设计价值"，一般认为就是以价值为标准对设计现实中的各种设计现象和设计问题进行把握，对设计目标和设计方案进行理性评价和选择。设计价值的存在表明，设计活动既要受到社会总体价值观的深层影响，又要受到设计者个体或群体价值倾向的影响。所以，"设计并非一种纯粹客观的造物行为，设计理性既是客观理性和主观理性的结合，又是理论理性和实践理性的结合，它既追求客观真理，又追求幸福、美好、正义、善良等与人类情感、经验、意志、想象和直观能力相关的东西"。

面对工业化浪潮、乡村城市化的严峻形势，为了保护乡村的原有形态和生态，为了拯救民间文化，20 世纪初柳宗悦先生有感明治维新以来日本民族文化在不断西化中丧失而发起"民艺运动"。20 世纪 80 年代日本经济腾飞带来了乡村空洞化、本土文化异化等问题，日本各级政府乃至社会力量从 20 世纪 60 年代直至 90 年代，在经济和文化发展相对落后的山谷、田园地带，开展了颇有规模的所谓"造乡运动"。面对经济高速增长带来的"过去连做梦也没有想

到过的个人富裕"的同时,如何挖掘、弘扬优秀乡土文化,净化和美化田园村落景观,提升乡镇居民的生活品质和文化品质,营造现代工业化背景下的民族精神文化家园,声势颇为浩大的"造乡运动"诞生了。或许与日本国会乃至市、町、村选举政治的选票需要有关,但客观上对在广泛、持久的"造乡运动"中,注重维护和保留乡野的自然生态环境和自然景观、尊重民间独特文化和风俗习惯,促使日本的乡土艺术在后工业时代的冲击下得以保留、净化和延续,舒缓、释放、克服城市化带给乡村、田园的冲击,保留乡土社会中乡土文化温暖、柔情、感性、舒缓的艺术魅力和人文情怀,调适城市人紧张的压力发挥了积极作用。而千叶大学宫崎清 1974 年发动的"生活工艺运动"使其成为"造乡运动"中的领军人物,而且坚持数十年不辍,甚至影响了几代人,亦对中国设计界乃至当今的民间艺术保护、新乡村主义设计产生了重要影响。

日本当年面临的乡村问题,同样困扰着我们今天的乡村建设。如何关注社会、民俗、伦理、乡情在当今乡村建设中的作用,如何用艺术家、设计家的视野看待当今乡村景观的营造,江波教授以自己的研究回答了众人的关切,从理论与实践两个方面探究出一条生态自然景观与人文景观相一致的"艺术乡建"之路。进一步印证了我多年关注国内乡村改造的视角,"艺术乡建"不能成为某些人恣意妄为的盆栽,"艺术乡建"和"乡村景观改造"应该秉持不能缺席农民主体的活态的、立体的多维视角,使之成为有机整体。在具体实践中,倡导者组织专业团队修复乡野民居、老宅等传统建筑,恢复、弘扬传统节日及其民俗活动和手工艺等乡土文化,倡导保护文化遗产;整治村容村貌,引导村民实行垃圾分类处理,改造厕所,开展卫生教育,倡导健康的生活方式;改造闲置的公共建筑,有限度地设立艺术机构作为艺术创作基地,召集艺术家和各领域精英入驻;开发农家乐、民宿、客栈、酒吧等乡村旅游休闲娱乐产业,

满足都市人的诗意向往。

然而,几乎在所有艺术介入乡村建设的实践之中,艺术家和知识精英成为事实上的主导者。他们按照自身的理想和意图设计、改造乡村,希望再造出符合他们的审美趣味和梦想的牧歌田园。尽管他们强调村民是村落的主体,强调尊重村民的自主性和现实需求。但事实上,他们与村民之间并不处于对等的位置,有着各自不同的需求和预期。艺术家发起艺术乡建的最初设想,或许是以公益或社会效益为主,但任何项目的长期有效运行都离不开资本的助力,其最终走向必然是商业投资回报模式。在商业资本和知识精英的强势主导之下,村民的生存权益能否得到保障尚存疑问,更无法奢谈农民主体的"自主性"。

隈研吾有句名言:"让建筑消失于人群,与大地相连。"俞孔坚也说:"尊重足下文化与野草之美。"他们的设计营造观殊途而同归,他们强调建筑与景观中自然因素的生成。而乡村以农民为主体,他们和自然的关系互为彼此,一个脱离主体的"艺术乡建",只能是罗曼蒂克式的小资理想。真正的乡、活态的乡、精神家园的乡,至少应该是物理空间上心中的乡,乡关何处?江波教授的研究给予我们有益的启示。

是为序。

2019 年 7 月 8 日写在深圳居所

作者:李超德,苏州大学教授,博士生导师,福州师范大学厦门工艺美术学院院长。江苏省教学名师,全国艺术专业学位研究生教育指导委员会委员。

自序

"那"（壮语：na），意为"田"和"峒"，泛指田地或土地。广西壮族先民适应岭南自然地理环境和气候特点，把野生稻驯化为栽培稻，所以壮族是重要的稻作民族，形成了最早的稻作文化。壮语民族中称水田（稻田）为"那"，壮族先民据"那"而作，依"那"而居，"那"就成为壮民族的一个割舍不去的祖祖辈辈眷恋的物质甚至上升到精神层面的指向。而由此而孕育繁衍出的文化称之为"那文化"。那文化，即土地文化，以及与此相关联的文化。由此推衍出"那山水、那景观、那民俗、那建筑……"

据《现代汉语词典》《辞海》的解释，"畈"是方言，意指成片的水田，即经过开垦后蓄水的稻田。把田称为畈，是古越语，是壮语通常地名的基本词汇。壮族称其居住的聚落为"板"（或畈、曼），是源于壮族先民所开垦耕种并赖以生存的"那"（田），这是因为壮族先民聚落的出现源自人们的定居生活，而其定居生活的前提条件是"那"与"畈"的关系形成并促进了稻作农业的产生和发展。稻作的主要载体是人们开垦的水田，因此壮族先民就依田而居、据田而作，这样方便耕作与管理，故而形成了壮族地区有田就有人居住的聚落的形式。以此构成了因"那"（田）而"曼"（村）的关系，即是田的形象性类比思维模式和地名的命名方式，反映了传统农耕文化的淳朴与直接。如"那岭、那峒、那旺、那布、那岜"等，这些以"那"（田）冠村名的来源和含义，皆来源于壮族先民开垦耕种并赖以生存的稻田。地名与耕种的田地总是联结在一起的，可以说没有这些可耕种的田，也就没有这个地名。为这些地方命名的人，是最先开垦这些田地的壮族先人，他们无论在哪里、在什么时候，为地方、村寨命名都遵循着这同一的方法，依据着同一的模式，即以"那"为冠，或以"曼"为首，在历史时间的进程中形成了一个约定俗成的法则。

"那"是壮族人民祖祖辈辈赖以生存的地方，当地壮民对其具有一种深深眷恋、说不完道不清的深厚情结。"那文化"的涵盖面很宽，凡是在这片土地上的自然景观、人文景观都属于其范畴。这实际上就是中国几千年的农耕文化代表之一，它们都深深地烙上了一种地域性文化特征的中华"民族精神"。

下面以广西西南沿边的大新县为例，从"那山水""那文化"方面涵盖的内容展开本文的各个篇章，大新的"那山水"主要是原生态的自然环境景观，而"那文化"的人文形态丰富多样，主要体现在各种民俗歌圩、祭祀、摩崖石刻，以及土司衙府、古城门楼、古桥等建筑文物方面，围绕"那"生态景观、"那"文化现象与内涵进行论述。

前言

此书作是本人主持的 2016 年度文化部文化艺术研究项目
"基于沿边民族文化特性的景观设计研究"的主要研究内
容成果，基于项目的研究多次深入到大新县进行田野调查。
广西西南边陲大新县与越南接壤，在这沿边之地居住的民
族百分之九十八为壮族，而"那"是壮语田地的意思，"那"
是千百年来壮民赖以生存的根本，有"那"就有希望，有"那"
就会有一切……

当你踏在大新的这片土地上会呼吸到泥土的芬芳，会感叹
这里的城镇化建设尚未有热火朝天的景象，那山那水还是
质朴的原生态状况：从东边的福隆、龙门乡到西边的硕龙、
下雷镇；北边的全茗乡和南边的恩城乡都是山水无欺美景
连连，更有中间的桃城古城及养利十景。当然，大新县既
然延续了两三千年的历史演化过程，也是少不了建筑文化、
土司文化、民俗文化、美食文化等。深深感触那山那水之
大新境内，淳朴的民风生态的自然环境景观，更有令人感
叹的大自然的鬼斧神工赋予大新神奇的自然景象。有以德
天瀑布为代表的众多瀑布群现象；安平村的黑水河国家湿
地公园中的岛屿；恩城乡国家动植物保护区的珍贵动物植
物物种以及水上森林自然景观；当然，还有闻名遐迩的明
仕田园风光、乔苗平湖景色、榄圩万亩良田摄影基地。傍
晚当你看着暮归的牧童以及远方炊烟袅袅的村落，晚风吹
来醉人的稻花香味，这就是一首沁人心扉的田园诗歌，一
幅充满浓浓乡情的水墨画，你又何曾忍心去惊动她、改变
她？让这岁月静好的山水永远持续下去，永远保留这一份
安宁。以上所述的一切让我们随着各个篇章慢慢深入，徐
徐展开，娓娓道来。

当你沐浴着阳光行走在那山那水间，呼吸着"超标"的负
氧离子时，这是一种何等的享受？简直是一种奢侈！这一
切是那么令人向往又难以忘怀，怀揣如此之情怀，只能套
用徐志摩的诗来表达在大新所见所闻所思所想的深情寄托：

轻轻的我走了，
正如我轻轻的来；
我轻轻的招手，
作别大新那山水。

那蜿蜒的溪水，
若下凡的天仙；
潺潺奔流的瀑布，
在我的心中荡漾。

溪河里的小鱼，
嬉戏地在水底招摇；
在大新那山水里，
我甘心做一条小鱼！

那浓荫下的河潭，
不是清泉，是天上虹；
揉碎在那山水间，
沉淀着乡愁似的梦。

寻梦？撑一叶竹排，
向浓荫更浓处漫溯；
满载一船乡愁，
在那山那水里放歌。

但我不能放歌，
悄悄是别离的乡情；
岁月在山水中静好，
静好是大新的山水！

悄悄的我走了，
正如我悄悄的来；
我挥一挥衣袖：
那山那水我会再来！

目录

第一章

沿边大新县自然环境

当历史走到今天，现代文明席卷全球，中国四十余年的改革开放，使中国的城市在这股浪潮里快速推进，城市的基本建设迅速发展，城市建设日新月异，然而城市的配套体系却没有跟上，出现了一定的脱节以及负面效应：住房紧张、交通拥堵、大气污染、热岛效应、人情淡漠……当我们面对种种问题及缺陷的时候，原以为是一方净土的乡村，也开始了乡村城镇化的改革运动，一夜之间城乡面貌焕然一新，乡村形象大变，许多的标志项目像雨后春笋快速生长，遍地开花……实质上就是城市建设的翻版。在广西还有一个口号：一年一小变，两年一中变，三年一大变。这些似乎成了城乡建设的准则与动力，经过几年的建设，广大的乡村有了变化，但是变好的是极少数，有一些依然山清水秀，生态环境尚能保持延续。而大多数的乡村没有了绿地、没有了院子，所有的房前屋后、道路、水渠全部被混凝土硬化。这些使得环境变差了，乡村生态链受到了破坏，迫使延续了千百年的乡村体系在剧烈蜕变，农村人口越来越多的涌向城市务工，依赖土地维系生计的传统模式开始解体。同时，城市的扩大也在快速地侵占农村大片土地，城市建设的垃圾也在侵蚀乡村自然环境。种种这些现象，使得许多城镇乡村环境出现严重恶化。在这里借用北京大学东方学大师季羡林教授的话语："这些问题是怎么来的？我想引用两个人的话，一个是歌德，他说：大自然不会犯错误，出现问题的只有人类自己。另一个是恩格斯，他说：我们不要过分陶醉于对自然界的胜利之中，我们每一次的胜利，大自然都会对我们进行报复。"季羡林教授提到的这些话语是几百年前名人的告诫，然而时至今日我们许多决策举动竟然是对这些善意箴言视若罔闻，并且正在不断"验证"中，甚至是尔方演罢我登场的交替行进演绎，呈现了"前赴后继"的态势……所有这些种种我们必须认真地去思考，采取行之有效的措施，充分认识并执行习近平总书记的讲话："要正确处理好经济发展同生态环境保护的关系，牢固树立保护生态环境就是保护生产力、改善生态环境就是发展生产力的理念。"生态环境就是生产力，是一种发展观，蓝天白云、绿水青山是我们长远发展的最大资本和潜力。

第一节　大新县概况

大新县位于广西西南边陲，正西面与越南毗连，边境国界线长40余公里。大新县历史悠久，居住着壮族、苗族、瑶族等少数民族。其中，壮族人口占总人口的百分之九十八。据考古发现大新在新石器时代就有人类在这里活动。大新县自然风光优美，以德天瀑布（图1-1）、黑水河风光最为著名（图1-2），此外还有大象峰、沙屯瀑布（图1-3）、玉泉、恩城野生珍贵动物自然保护区等生态自然景观群。

大新是一个美丽而又神奇的地方，这里山河原野清新秀美，拥有"五百里山水画廊"之称的美名。喀斯特天造地设的山水之美和壮、汉多民族千百年来所创造的人文之美，融合成就了大新之大美。长期以来大新地处西南边陲，交通不够便利，加之20世纪80年代的战事，所以它的美迟迟不被世人所发现，随着时代的发展及近年来旅游文化的开发，她神秘的面纱被逐渐揭开，人们才能渐渐窥探到她的美貌，并且被她所吸引。大新的"美"主要可以划分为几个方面：自然景观生态之美；民族民俗文化之美；以中越边境为主题的边关风情之美；历史建筑文物遗存文化之美。

大新有着浑然天成的喀斯特地形地貌景观，诸多景点全国闻名。例如：壮观绚丽的德天跨国大瀑布、悠然闲致的田园景色——明仕田园（图1-4）、风景怡人的黑水河安平湿地公园（图1-5）、恩城自然生态保护景区和乔苗平湖等（图1-6、图1-7）。大新有着内容丰富精彩的少数民族民俗文化；有着生机勃勃的自然生态环境以及别样感受的边境风光；还有历史悠久、保留较为完整的历史文化遗存建筑；以及大新县的天时地利人和、农耕那文化等诸多条件，所有这种种都增添了大新这片土地迷人、神秘的色彩。

图1-1　德天瀑布

图1-2　黑水河风光

图1-3　沙屯瀑布

图1-4　明仕田园

第二节　地理环境气候特性

独特的喀斯特地貌造就了这方山水自然景观别具一格，分外妖娆。

大新县地处云贵高原南缘，县境地形北高南低，山岭间形成许多小盆地。现出露地层有寒武系、泥盆系、石炭系、二迭系和第四系。寒武系和下泥盆系以及下石炭系为硅质、砂质、泥质夹灰质岩相，构成土山和丘陵地，约占全县总面积的 20%，是林业发展区。上泥盆系和上石炭系及二迭系为灰质岩相，构成峰丛、峰林和弧峰地形，约占全县总面积的 25%。第四系由黏土、亚黏土、亚砂土或碎屑岩组成，发育于溶蚀小平原和圆洼地、槽谷地中，约占全县总面积的 25%，是主要耕作区，面积较大的有雷平、桃城和全茗溶蚀小平原。由于独特的地质环境，大新县还蕴藏了丰富的矿产资源和水能资源。其中，矿产资源有锰、铝、锌、铁、金等 22 种之多，其中碳酸锰、氧化锰藏量达到 1.3 亿 t 以上，占到了全国的四分之一，广西的二分之一，有中国"锰都"之称。当然还有能量非凡的铀矿。

北回归线穿过的大新县，全年都处丁温暖多雨的亚热带季风气候中，冬春微寒，夏季炎热，秋季凉爽，夏季雨量较多时也会出现汛期。秋、冬、春三季降雨量较少，无霜期长达 341 天，年平均气温 21.3℃，年平均日照时数 1597h，年平均降雨量 1362mm。

该气候区域总的来说就是冬季不冷，1 月平均气温普遍在 0℃以上，夏季较热，7、8 月份平均气温一般为 25～35℃ 左右，由于受海洋气流影响，年降水量一般在 800 至 1000mm 以上，属于湿润区。其降水主要集中在夏季，冬季雨水较少，这类气候以中国东南部最为典型。由于冬季也有相当数量的降水，冬夏干湿差别不大，因此被称为亚热带季风性湿润气候，该地区植被主要为常绿阔叶林。

大新县的旅游资源十分丰富，境内共有 42 个旅游景点，其中有：1 个国家特级景点，6 个一级景点，15 个二级景点，20 个三级景点，享有"百里山水画廊"的美誉。

图 1-5　安平湿地公园

第三节　大新县的构成

大新的县名,来源于中华人民共和国刚刚成立后的1951年,将民国初由原先封建领主世袭千年的八个土司州合并成立的雷平县、万承县、养利县的三个县地,再合并成为一个县,取名大新县,寓意又大又新。

大新县的地形呈现东西方向长、南北方向窄,仿佛像一只蹲着、蓄势待发想要一跃而起的瑞狮(东边为头,西边为尾,北边为脊背,南边为脚)。这种极其形象的比喻让笔者不禁想到了祖国大地犹如一只雄鸡的比喻,假想大新县犹如一只雄狮,那这只雄狮就像祖国“大腿肌肉群中强有力的一块”,每时每刻都在守护着祖国的边疆安全。在这“雄狮”里住着一群朴实、诚恳、勤劳、勇敢的壮民,他们淡定从容地走在大新的大地上,走过大新的那些建筑物,走过大新的老城街道、博物馆、桥梁……这些大新的景在他们的眼中却再平常不过,在他们眼中这是他们赖以生存的家乡风貌。而同时,他们穿过的田野、乡间小路,在大树下、小河边乘凉时的那份怡然自得,恰好是我们所追寻的风景。仁者乐山,智者乐水。智者动若脱兔,仁者静如处子;智者常乐,仁者长寿。而大新县自然是山水皆秀丽的常乐长寿宝地也。

关于大新县,说是“大新”,其实是不“新”,因为它的历史和中华民族五千年历史同样悠久。中国发现北京周口店山顶洞人的考古学家贾兰坡先生,20世纪50年代时,就在大新县榄圩乡一个叫黑岩的山洞中,挖掘到巨猿牙齿化石,这是当时轰动世界的大新闻,全世界共有两千多家通讯社报道此消息。离黑岩不远的另外一山洞中,也发现了四五千年前我们壮族祖先在山洞生活的遗址。

大新这一片土地在秦始皇统一中国的时候,即已纳入中华民族版图,属于岭南三郡的象郡。甚至今天越南河内一带,则是古代中国的交趾郡。交趾国(越南)在1010年正式独立成国,但那个时候,高平依然是属于邕州府(今南宁)管的广源州,包括广西西南这一带的西原州。但是因为当时北宋政权主要将注意力放在防御、抵抗北方游牧民族的侵略无力南顾,后来才被交趾一点点蚕食鲸吞过去。那个时候壮族首领侬存福、侬智高父子,就是坚持在这一片广袤的地区,一直与交趾进行反侵吞的争斗。关于这个时期的边境之争这里必须提一个人即陶弼,他是湖南永州人。陶弼曾经三次做过邕州知府和高平知府,也是大宋最后一任高平知府。陶弼是个大清官,他在广西当官近三十

图1-6　恩城自然风光

年，1078 年在任顺州知府时病故在了工作岗位上。1062 年，他还在大新县城郊区万礼村贝岩山脚下（县城去雷平方向左边山脚下）留下一块摩崖石刻，记载他率部队抵抗交趾经过此地。这是大新本地历史上发现最早的石刻文字。1075 年交趾军队一度打到了邕州（南宁），之后宋军将他们赶回升龙（河内），当时陶弼已经六十多岁了，因为年龄渐老，他也思乡想调回老家。但是，国家需要他留下来当高平知府，他身先士卒义无反顾。同时还将自己的薪水拿出来，与百姓同甘共苦修筑城墙，鼓励将士爱祖国守边疆。当时南疆环境较为恶劣，每年春夏天气炎热时都要高发瘴气，这瘴气可使人害病而夺命。什么是瘴气呢？就是这里从遍地的原始森林中，几千上万年的枯藤老树自生自灭而霉烂形成的毒气，当地人有办法能够适应这个环境，天气热了就会移居到半山腰居住，懂得怎么避开这些有害的毒气，但是中原来的汉人就不习惯这气候而容易患病，所以宋朝军队到了边疆"守边者病亡十之七八"。

时至 1077 年病魔还是夺去了陶弼的生命，后来在将他的棺材运回老家安葬时，竟然发现他家境非常贫穷，老母亲在乡下住的还是租赁的房屋。当这凄凉的消息传到京城宋神宗皇帝那里时皇帝也是很受感动，于是传下圣旨给予优惠待遇照顾他的儿女们。各种流传下来的传说都充分说明陶弼是个大清官、大忠臣。在当年，大新老百姓听到他的部队来了，都会捧着酒壶拎着鸡鸭鱼肉从四面八方过来迎接他，而交趾国家的军队却非常害怕陶弼和他的军队。当得知高平知府陶弼暴病去世的消息，当地百姓非常悲痛；当然也有高兴的，那就是交趾国王。在交趾国（越南）强烈的无理要求下，宋神宗皇帝竟然说这块地方荒凉无用而守边艰难，大笔一挥将广西西南边的顺州（高平）地区划给了交趾，从此高平成了越南的北方地区，现在广西西南与越南高平接壤的这一片地方则变成了祖国的广西西南边疆地区。

图 1-7　乔苗平湖

第二章

沿边生态山水景观

在中越边境有一片神奇的生态自然的地方，就是广西崇左市大新县，她具有世界第四大跨国德天大瀑布、明仕田园、黑水河安平湿地公园、恩城山水、野生珍贵动物（黑叶猴）自然保护区、乔苗平湖、榄圩自然风光等多处自然生态景观。

第一节　德天跨国大瀑布

三十年前说起广西的景点，除了桂林和阳朔被很多国内外的朋友熟知之外，其他景点可就知名度还没有那么高，而德天瀑布景点根本上就是无人知晓。今天的大新德天跨国大瀑布蜚声中外，是随着国家的改革开放，慢慢地撩开了德天瀑布的面纱而逐渐扬名四海的（图2-1）。

德天瀑布位于中越边境的硕龙镇德天村，离大新县城60km，为国家级 AAAAA 级景点。瀑布横跨中国、越南两个国家，是亚洲第一、世界第四大的跨国瀑布（瀑布宽200 余米，与越南板约瀑布相连）。瀑布气势磅礴，一波三折，层层跌落，水势激荡，声闻数里。瀑布河水时急时缓，

时分时合，迂回曲折于参天古木间；更有花草掩映，百鸟低徊。在那上游的河面上江水忽遇断崖飞泻而下，站在瀑布之下水气蒸腾，看那瀑布上接云汉，洪流滚滚，折而复聚，连冲三关。仰望瀑顶，群峰浮动，巨瀑如海倾；瀑水驰骋，水沫飞溅，如万斛明珠。德天瀑布雄奇瑰丽，变幻多姿，碧水长流，永不枯竭，无论春夏秋冬、阴晴雨雾，均各具情态。其魄力，其气势，其风采，震魂摄魄，摇动心旌（图2-2）。

这是中国西南边陲广西与越南接壤处的归春河，远古起就流淌着这条清澈的河流，不论四季寒暑，她始终碧绿清凌，纯朴得像大山里的女孩。在其上游一段，从德天村开始进

图 2-1　德天瀑布与板约瀑布

入越南再上溯至中国靖西的岳圩止约有百华里，这里所谓的越南河段在宋神宗以前其实还是属于中国境内土地，在中国地图上她的名字从北宋开始一直叫归顺河。因为这小河就发源在当时的归顺州地，所以历史上一向称之为归顺河。

现在这个新名字"归春河"，来历是中华人民共和国成立后的 1958 年，大新人民出动几万民工在硕龙建筑红旗渠，与越南的兄弟开山放炮一起进行建设，把取水源设在河对面的越南。当时县里的一位领导干部前来视察时说归顺河难听，还是取归春河吧，寓意归国遇春。

归春河静静地流向越南又绕回广西，最终在硕龙这个边陲小镇，将积蓄了许久后的力量瞬间爆发，冲破了千岩万壑，冲出高崖绿树的封锁，划开了中越两国边界。许是大自然的造化，垂坠的河水从高达 60 余米的山崖上跌宕而下，撞击着层层岩石飞流曲折，水花四溅，水雾迷蒙。远望似缡绢垂天，近观如飞珠溅玉，透过阳光的折射五彩缤纷，那哗哗的水声振荡河谷，在不经意间就形成了跨国大瀑布——德天瀑布。于是，德天瀑布便成就了归春河最激情的表达。

德天瀑布的美在于变幻多姿。它像模特儿表演时装秀，早、午、晚各展现出一幅幅瑰丽生动的美姿，中午艳阳高照时百米来宽的断崖上，巨瀑如海倾跌宕 60m，冲撞声回荡于山涧，数里可闻。黄昏时夕阳刚好挂在瀑布上方，暮色中的瀑布如银帘高挂，织上橘红偏暗的夕阳和晚霞，美得引人遐想……清晨当旭日东升，会见到彩虹银瀑同时展现的美景。瀑布猛撞河谷激起水花飞溅，使雾气弥漫山间。东升的朝阳阳光被瀑布前的雾气折射便产生了绚丽的彩虹，充分展现出瀑布之灵、瀑布之魂！

春夏季节的德天瀑布河水溢涨，激流排山倒海冲泻而下，响声如雷，水雾遮天。其间，木棉花竞相开放山野，如火的木棉散布在瀑布之间，把德天瀑布点缀得分外美丽；翠竹掩映下的褐色居屋云雾缭绕的风景，令人心旷神怡。木棉又称红棉，是南方特有的乔木，开花时满树彤红。木棉树高大挺拔但不成群，都是散落而不经意地进入人们的视野。此地山腰当满红艳艳的木棉，山底是碧水涟涟的小瀑布群，景色十分迷人。而谷底则是一片面积约 5000m² 的绿水休闲区和水中红沙树林园，是人们泛舟、垂钓、漫游水中丛林的好去处。

德天瀑布所在地的地层主要为中泥盆统白云质灰岩，是典型的岩溶瀑布。它的上游是从中国流向越南又流回中国的归春河。德天瀑布的水面很宽，究其原因为：德天瀑布上游的归春河河道为分叉型河道，河床宽浅，多江心洲、心滩，瀑布的落差又大，河水为了寻求达到下游水面的最短路径，导致归春河的水流在瀑布上部河床上的岩石中夺路而行，形成了许多河中岛屿，而将河水分割成了多股水流，从而使得瀑布的水流呈现出了多束状，左突右冲，欢腾地、气势磅礴地奔流而下。

德天瀑布由于地势的原因分三级层层跌落，其气势的恢宏自然也使得它有着震撼数里的声响。德天瀑布的水量在不同的季节其程度有所不同，呈现给我们的既有柔情又不失壮观豪迈的景致；它的水量就连在一日中早、中、晚三个不同的时段也会呈现出有略微差异的瑰丽景致。6、7 月的德天瀑布，水势较大，其三级跌落的势态也更加明显地呈现出来。人们乘一叶竹筏，慢慢靠近它，犹如淅沥的小雨，清新的水雾飘洒在了身体发肤上，仿佛我们就是水中的鱼，在"贪婪地"吸取着大自然天然的水泵为我们不断地提供的氧料。9～11 月的德天瀑布则是另一番感受，在其他月份的它则像个文静的少女，婉约而清纯。

上海作家赵丽宏在《德天瀑布记》中曾这样写道："中国的瀑布没有一处和德天瀑布雷同。贵州黄果树瀑布落差比它高，却没有它那么阔大。四川九寨沟的诺日朗瀑布宽则宽矣，却没有它这样雄浑浩荡，没有这样丰富多变的层次，充其量，只是其中一叠。浙江雁荡山的大龙渊如果是一条龙在山中游动，那么，它就是群龙呼啸着飞出山林。安徽黄山的人字瀑和它相比犹如小溪面对江河。被李白想象成'九天银河'的江西庐山瀑布，其实只剩下了峭壁上的几道水痕，根本无法和它同日而语。"我们可以通过赵作家的对比描述得知德天瀑布具有的壮美、恢宏的独特性。

图 2-2　德天瀑布

图 2-3　归春河滩瀑

德天瀑布的美，让它成为广西继桂林之后的第二张旅游名片。由于其特殊的国际地理位置，它带给众多中国游客的，除了自然景观所让人直观感受到的壮美，同时也还饱含了中华儿女纯真的民族情感。现在的德天瀑布和板约瀑布脚下的中越两国老百姓似乎比任何一个时期相处得都更为和谐，生活的幸福指数自然也就逐渐地提高了，景区里的人们都洋溢着幸福的笑脸。

瀑布周围的群山有层层梯田，春季一眼望去，绿水梯田春

意盎然，轻纱袅袅，民居水车，耕夫锄荷；秋季满眼的黄色、红色，层林尽染，奇峰错列。小桥流水间有竹筏穿行，那是渔人在撒网捕鱼……一幅美妙的青山绿水南国田园风光尽现眼前。梯田的旁边便是中越边界的石山，石丛中有中越边境的 53 号界碑，为 1896 年清政府所立。界碑虽经多年风蚕雨蚀、历经沧桑，但"中国广西界"五字的刻纹仍工整有力、清晰可辨，此界碑是游人照相留念必不可少的景点。在归春河德天瀑布下游几公里的地方，由于地壳运动使得河床的起伏变化形成了绿岛行云的归春河滩瀑，也是非常迷人的景观（图 2-3）。

至此，德天瀑布那些美轮美奂的景色想必大家不再陌生，当我们真正地走进景区体会这些美景的时候更是为之震撼了，因为它比想象中要气势磅礴得多了。德天瀑布的气势磅礴我们可以通过一些数据来感受到：德天瀑布落差为 60 余米，宽度在水量充足的季节可以达到 200 余米，年均流量为 50m³/s，比黄果树瀑布的水流量还要多 5 倍，由此一来，被《中国国家地理》期刊评定为中国最美的已开发瀑布也就不足为奇了。它同时还被评为"2005 年全国最受欢迎的景区景点""广西十佳景区"等。许多影视片均在这里选址拍摄，前段时间热播的《花千骨》电视剧，剧中很多场景都是在这里取景拍摄的。德天瀑布现在已经成为广西中越边境地区，乃至整个广西旅游项目中最有代表性、最重要的标志性景区，最近刚刚获得了"国家旅游 AAAAA 级景区"称号。

第二节　明仕田园

图 2-4　明仕田园风光

大新县的明仕田园风光景区为国家一级景点，距离县城约35km，距离著名的德天大瀑布景区约25km。这里方圆20km的景区内的自然景观山水环抱，小河在中间蜿蜒流淌，溪水清澈，翠竹绕岸。山总是点缀着水，水总是倒映着山，形成了处处奇峰、山水相映的水墨画山水景象（图2-4）。远处山脚农舍点缀，清晨周围山峦云雾缭绕，傍晚村落炊烟袅袅，极富南国田园气息，因此而有"小桂林"之美誉。

明仕风景区在大新县堪圩乡明仕村，传说很久以前南海有一条妖龙，因羡慕桂林山水之美景，便变作人形到桂林游览，返回时它施了妖法，将桂林的一段迷人山水缩小藏入袋中，然后驾云南归欲带回南海。谁知它的这一举动，被那里的山神发现后追赶，在慌忙逃跑时那段山水便掉下来，刚好落到明仕的地面上，所以明仕的山水景色和桂林的一样美。

对于明仕田园美丽生态的山水景色，可以借用王安石题在好友杨德逢屋壁上的一首诗来表达："茅檐长扫净无苔，花木成畦手自栽。一水护田将绿绕，两山排闼送青来。"（《书

湖阴先生壁》，王安石。湖阴先生，杨德逢的别号，王安石退居金陵时的邻居）。诗前两句写的是王安石退居金陵时的朋友杨德逢的家，说他朋友家的环境洁净清幽，人又勤劳朴实，暗示主人生活情趣的高雅。后两句转到院外，写山水对湖阴先生的深情，暗用"护田"与"排闼"两个典故（护田：这里指护卫、环绕着园田。护田则《史记·卷123·大宛列传·第63》有：而汉发使十馀辈至宛西诸外国，求奇物，因风览以伐宛之威德。而敦煌置集解徐广曰："一本无'置'字。"酒泉都尉；集解徐广曰："一云'置都尉'。又云敦煌有渊泉县，或者'酒'字当为'渊'字。"西至盐水，往往有亭。而仑头有田卒数百人，因置使者护田积粟，以给使外国者。护田由此出。"排闼"：开门。闼：小门。《史记·樊郦滕灌列传》："高祖尝病甚，恶见人，卧禁中，诏户者无得入羣臣。羣臣绛灌等莫敢入。十余日，哙乃排闼直入，大臣随之。"张守节正义："闼，宫中小门。"）。把山水化成了具有生命感情的形象，山水主动与人相亲，正是表现人的高洁。诗人的目光从院内花木移向院外的山水时，他的思致才会那样悠远、飘逸，才会孕育出下面一联的警句，门前的景物是一条河流，一片农田，两座青山，在诗人眼里，山水对这位志趣高洁的主人也有情谊。诗人运用了对偶的句式，又采用了拟人的手法，给山水赋予人的感情，化静为动，将"一水""两山"写成富有人情的亲切形象。弯弯的河流环绕着葱绿的农田，正像母亲用双手护着孩子一样。"护"字、"绕"字显得那么有情。门前的青山见到庭院这样整洁，主人这样爱美，也争相前来为主人的院落增色添彩：推门而入，奉献上一片青翠。山水本是无情之物，可诗人说水"护田"，山"送青"，水对田有一种护措之情，山对人有一种友爱之情，二者融合无间，相映生色，既奇崛又自然，既经锤炼又无斧凿之痕，清新隽永，韵味深长。这就使本来没有生命的山水具有了人的情思，显得柔婉可爱、生动活泼，显得自然化境，既生机勃勃又清静幽雅。这里将王安石先生这首诗转用在形容明仕田园风光上，是非常

图 2-5 明仕陇甘风光

图 2-6 明仕民族园（一）

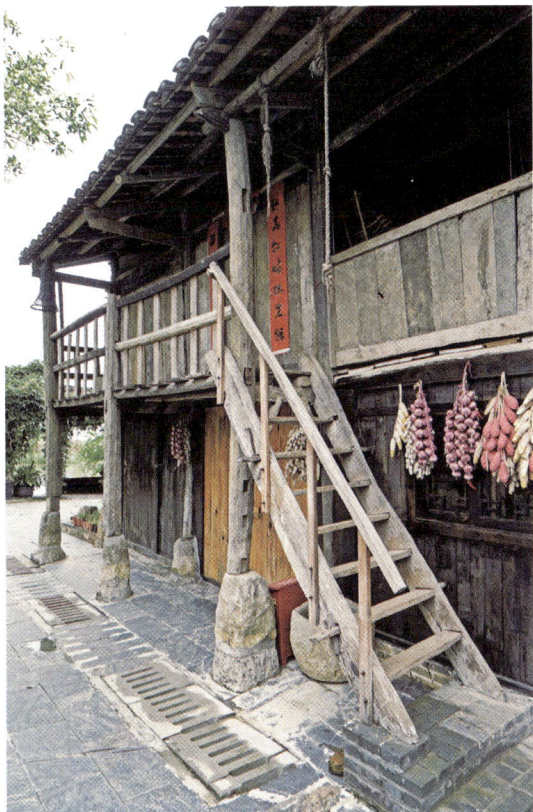
图 2-7 明仕民族园（二）

具有同样的情调而又贴切的。

明仕田园的确拥有迷人的山光水色。这里青山绿水相互辉映，形成许多秀丽景点，如果匆匆一览也不过短短十几二十分钟。而其最令人心驰神往的，应该莫过于漫漫踱步其中，或是乘一叶小舟于明仕河上，在山水画廊里游走一番了，秀丽的明仕河弯弯曲曲贯穿于明仕田园之上，静静的水面平静得仿佛一面镜子将两岸的风景倒影在水中，慢慢观赏、品味将是一件难得的快事（图2-5）。

明仕河发源于越南，从念斗屯流入我国，向东南流经本县的谨汤、明仕、堪圩、芦山、后益等，至雷平镇的科度屯对面与黑水河汇合，全长44.13km。明仕山水田园风光集中在明仕至拔浪一带。风景区河段长约8km，游客可以乘坐竹排顺流而下，饱览两岸迷人景色。这里你会看到典型的喀斯特峰林地貌景观，看到凤尾萧萧、龙吟嘀嘀的碧江竹影，看到古风淳厚的壮族村落，看到威武的将军山，灵秀的通天洞，奇特的万乳崖，还有那天然生成的崖岩壁画。

国家邮政局首次公开发行《祖国边陲风光》特种邮票一套12枚，明仕田园风光命名为《桂南喀斯特地貌》（第七枚）入选邮票题材，作为中华人民共和国成立55周年的献礼公开发行。这里是影视作品《牛郎织女》《酒是故乡醇》《天涯侠医》《草本药王》以及《花千骨》的外景拍摄地，还有神秘的千年岩洞葬、老龟送客等胜景。此外，在景区里还有着集人文、观赏、游乐、休闲、购物于一体的"壮族民居博物馆"，随处可见的壮族文化和壮族民俗表演以及壮族干阑建筑，使我们置身于浓郁的壮族文化氛围之中（图2-6、图2-7）。

在春天前去明仕田园景区，眼前所见已经皆是绿色了。此时人们沉浸在周围一片绿色的汪洋之中，欣赏着四处点缀着的形态各异的山峰，偶尔可以看到路旁静静地流淌着弯弯曲曲的清清小溪。在落日的余晖中，从山间露出的夕阳染红了河面，整个原野泛着金色的光芒，格外的绚丽多姿。总之，明仕山水田园风光是除了德天瀑布、黑水长峡等著名风景区外的又一道亮丽的风景线，游人到大新旅游，明仕田园风光是必不可少的观赏景点（图 2-8）。

具有地域建筑造型的明仕度假山庄位于风光如画的明仕河边上，度假村的建筑充分融入壮族文化特色，设计具有现代感的壮族干阑建筑元素形态，风格新颖独特，可以说是从建筑外形到室内装饰运用壮族图形元素比较贴切的一个案例。这些具有壮族民居特点的建筑点缀在这清新淡雅的山水间，宛如人间仙境，休闲于此，晨曦观日出，傍晚看落霞，入夜静赏星月，可使身心与自然相融。静对沉醉的明仕美景，身心吸纳天地灵气，悠然之间过一回神仙生活，将是何等的惬意美妙境界。

另外，明仕度假山庄酒店的建筑除了当地干阑建筑形式外还融合了骑楼样式依山而建（图 2-9）。骑楼建筑是 20 世纪初广州和岭南地区临街商业楼房的一种建筑形式。骑楼是指联排楼房与街道之间跨人行道而建，沿着马路两边相互连接形成一排长廊，这就是近代典型的商业建筑。骑楼一般分楼顶、楼身、骑楼底三部分。它是西方古代建筑与中国南方传统文化相结合演变而成的建筑形式，可避风雨、防日晒，特别适应岭南炎热多雨的气候，其商业实用性更为突出。在两广、海南建造有很多这样的建筑。

关于骑楼的溯源，说法也不尽相同。有人将它的历史上溯到古希腊时期（公元前 5 世纪～前 4 世纪）的"敞廊式商业建筑"，也有人认为宋代出现的"檐廊式"沿街店铺是它的原型。而按照建筑学专家余英的观点，广州是中国近代骑楼街的发祥地，这是一种在 21 世纪初外来的外廊样式基础上发展演化而成的临街商业建筑形式，是老广州人结合地域气候及传统审美观念和民族心理对西方建筑文化的重新审视和创造性吸收的成果。

骑楼的平面布置与其他民居大致相同，只是由于处于街道商业繁华地带，地皮十分宝贵，是寸土寸金之地，故平面布局显得十分紧凑，建筑鳞次栉比，商住一体，空间序列是行人道—商铺—起居室。为了适应南方的炎热湿润气候，各房间的空间分隔多为"通""露""敞"走廊、天井作为通风道，起到加强单向通风、调节微气候和增加采光的良好作用。空间序列也显得层次分明，在狭长的空间内营造多样而又多层次的生态人居环境。

再谈及建筑内涵，更符合"天时、地利、人和"的儒家文化思想。首先是因借天时，顺应气候、季节、阳光、风、雨、雪；

图 2-8　明仕田园山水景观

图 2-9　明仕度假山庄酒店

其次是顺借地势、地貌、地质、山水、土石、草木，皆为我所用；最后是巧借人和，邻里协作共存、共创和谐环境。在平面空间布局上，追求与自然的融合，自然通风采光好，排水、去湿极为有利；在空间利用上，采用占天不占地，依山就势筑台、错层、跌落、架空等极限地利用空间，使空间形态十分丰富多彩、造型不拘一格，顺其自然，犹如天生。这是地理学、生态学、环境学和古老的天文学在建筑上最朴素的反映。因此，在这得天独厚的大新生态山水田园中，以骑楼的形式结合壮锦的基本图形作为度假村的建筑形态，形成了独特的壮族地域特色。同时，在整体上山庄的设计把建筑环境艺术和山水自然融为一体，形成既宜人又非常协调而有特色的度假山庄（图2-10～图2-12）。

图2-10　明仕度假山庄（一）

图2-11　明仕度假山庄（二）

图2-12　明仕度假山庄风光

第三节　黑水河景区

黑水河的主要景区位于大新县雷平镇的那岸水电站至安平村河段，属岩溶峰丛峡谷景观自然风光。黑水河并不是河水为黑色，相反其实是非常的碧绿，那是因为河岸边的茂林竹丛之故，也就是河岸上延绵 30 余里的凤尾竹、龙眼和荔枝等树种在阳光下形成黛色而倒映入江中，一池清涛就此染作深青色的碧玉，河水清而深呈蓝色，就好似一条

黛青色的彩色锦带飘然在两岸的峰峦叠翠之中，远望如同黑发，故名"黑水河"，其实近看清澈依然，甚至鱼翔浅底（图 2-13）。

我们知道很多著名的河流式景点，漓江、沱江、九寨沟等，然而它们有了太多现代的热闹和喧嚣，黑水河这里与它们

图 2-13　黑水河（一）

图 2-14　黑水河（二）

图 2-15　各异的奇石（一）

相比则显得别具一格，多了一份古朴的静谧、一种原生态的野趣，还有沁人心肺的负氧离子，真乃天然的大氧吧、不可多得的休闲养生胜地（图 2-14）。

黑水河在大新县境内长 45.5km，属左江支流，是大新最大的河流。是由断层控制走向的一条峡谷型河流，两岸峰峦叠嶂，山体高差 300m 左右。水上石林分布两处，两处之间相距 4km。从老人山码头登船一路泛舟而上，水依石而妩媚，石露水而峥嵘，各种形态、各种风格的峰峦与岩体，像冰山一样从你的身旁幽幽飘过，放眼望去"巨龟浮游""雄狮昂首""犀牛镇江""神龙戏水"等形状各异的奇石（图 2-15），白鹭沙鸥翔集野鸭嬉水随处可见。再细看，水中石笋淼若浮萍，远看成林近看成景。扁平光洁似天然屏风待字闺中，或如水中城堡巍然屹立。青山绿水之间两岸竞相鱼跃，置身大自然的鬼斧神工中，不得不发出"此景本应天上有"的感叹（图 2-16）。

图 2-16 各异的奇石（二）

黑水河以峰峦体量之雄、峡谷之险、河弯之幽、洞穴之奥为特色。景区主要有三个：一个是那岸奇景，长约 9km，属岩溶峰林谷地地貌。两岸群山如削，奇石环列，水清景异：月亮山、刀刃峰、仙人指、罗汉峰、老人山等奇峰怪石层出不穷；那岸电站飞水成瀑，气吞山河，蔚为壮观，是典型的峡谷水库类型（图 2-17）。二是黑水河田园风光：长约 20km，两岸树木葱郁，河水清澈，多有跌水。沿河是玲珑的石岸，岸边的稻田、竹丛、果树、农舍掩映，俨然如桃源仙境。三是那榜田园风光：那里河水蜿蜒，水面如镜，倒影远方两座单斜山峰，岸边田园平铺。一路下来田间小路、果林、农舍、古桥似锦似画，妙不可言（图 2-18）。

图 2-17 黑水河那岸电站

该景区以水上游览为主要休闲、娱乐内容。游客一上游船便开始置身于黑水河风景之中，随着一路向远处幽深静谧的地方逆流而上，你会发现思绪慢了下来，心灵也自然而然地静了下来，因为整个身心灵魂就像全神贯注地在驻足聆听着大自然悠扬的乐曲。游船上有船家准备的迎宾茶，可以一边喝着茶，一边欣赏船外的美景，享受着这份静谧带来的美妙，导游阿妹高兴时还可以唱上一段原生态的山歌，就这样悠然自得地置身于这一片山一片水的悠然民歌之中，不一会儿就来到了它"动"的地方。黑水河的"动"来得很突然，前一秒，人们都还置身于它的静谧中悠然，而后一秒，人们则在黑水河段中一个落差并不是很高的小瀑布面前，感受着它如雄狮咆哮般带来的阵阵惊喜、惊叹与惬意……（图 2-19）。

图 2-18 黑水河（三）

图 2-19 黑水河（四）

第四节　恩城山水画廊

恩城乡驻地的村子不是很大的一个岛屿，但却是自然生态美景如画，从县城到此地的河流是利江下游，河流长度为16km。然而这短短的16km路却是山水如画，美如仙境，美轮美奂的自然景观让人应接不暇。由于利江河及其支流将恩城分割成了许多小岛屿，故恩城还有"岛屿恩城"之称。其周围还有九峰山汉岩画、元明字山石刻和造像等古迹。恩城乡驻地的岛上有小玲珑山、扁桃古树、土司衙门遗址等自然人文景观。

1. 恩城动植物自然保护区

在大新可看、可游、可赏、可居的美景很多，恩城也不例外，在恩城这里先来说一说动植物保护区。恩城自然保护区动物资源丰富，属国家一级保护的珍稀动物有黑叶猴、熊猴；属二级保护的动物有猕猴、短尾猴、冠斑犀鸟、大灵猫、白鹇、原鸡、蛤蚧、林麝、巨松鼠、红腹雉等。其中，黑叶猴、冠斑犀鸟和猕猴的数量较多。其他经济动物还有豹猫、猪獾、鼬獾、树鼩、鹧鸪等。特别值得重视的是该保护区内常年发现有白变的动物，如全白的黑叶猴、全白的短尾猴等，是人们开展科学研究的重要基地之一。保护区现有的黑叶猴、冠斑犀鸟、原鸡等珍稀动物较多，保护好这些珍稀动物及其生态环境，对保存物种基因，开展科学研究、教学，促进生产发展，均具有重要意义。

恩城原生植被为北热带石灰岩季节性雨林，恩城的植物种类就有上千种，建群种或共建群种为蚬木、金丝李，其中还有被誉为"稀世珍宝"的金茶花。常见的树种有香棒、枫香、火麻树、秋枫、酸枣、海南浦桃、假水石梓、翻白叶树，还有肥牛树、假苹婆、沙皮树、青檀、樟树、桄榔等。但由于人为的干扰造成一定的破坏，目前因已有不少阳性树种入侵而变成了次生林，这些现象不得不引起我们的重视，以更好地保护本土的环境植被生态链（图2-20、图2-21）。

图2-20　恩城植被（一）

2. 恩城生态山水环境景观

大新黑水河的支流恩城河长约 16km，上游是利江和龙门河，河水非常清澈，常年碧流不断，流经恩城自然保护区和恩城岛，与古树、村舍、岛屿、透石相映成趣，具有纯天然原生态的园林景色。弄悉峰作为河上的奇山，一峰独秀，山体秀长如指；弄悉跌水瀑布，宽 60m，高 2.5m，平齐跌落中略有变化而有浩荡气势，曾被徐霞客称为"三叠呼瀑"。在恩城河段上，还可以领略到"恩城山水度假区"人猴嬉戏、树木茂盛的水上森林的另一番乐趣（图 2-22）。

恩城自然生态水系最吸引人的地方不少，天然石河段以其特有的魅力吸引着游客，每年 5～10 月人们乐此不疲专程到这里来游泳，这里也就被人们誉为"天然游泳池"。石河里的石头被河水常年冲刷磨去了当初的棱角，形成了非常圆润和光滑的形态，散落在河底上。而裸露在河水之上的石头，被日晒雨淋，石体表面散发出一层灰白的光芒；那些静静地卧在水底的石头，任流水一遍又一遍地冲刷，显得更加圆润，踩或躺在其上面甚是舒适与惬意；还有的石块一半插入水底，一半露出水面，其石体的颜色也就分成了清晰的两半，水里的一半显得深暗，水上面的一半浅灰泛白。当水流过它们旁边，冲刷撞击时总会泛起一圈圈白色的浪花……除了这些形态各异的石头之外，在河边还长满了嫩绿的野草，那些细而软的野草长得十分茂密，当有微风拂过野草们便活跃起来扭动自己的小蛮腰，随风而舞，宛若窈窕的仙女。值得称道的是，这些小溪河的野草无论在什么季节总是那么苍翠，它们密密匝匝地挤在一起，往上向着天空的方向努力生长，充满着生机与活力，无论经历多少风雨，它们也从未放弃（图 2-23～图 2-25）。

在这天然石河里，不管是大人还是小孩都可以尽情跳入水中游泳，因为这里自然形成有浅水区和深水区。浅水区在一个个小岛之间，水深仅在半米左右。小孩子或者水性不太好的朋友可以躺在那里，脚自然着地，同时手还可以抓住旁边从水中露出的光滑的石块，任由清澈的河水缓缓冲洗。而在深水区水性好的朋友们可以跳入水中，来一个自娱自乐的游泳比赛，看谁先到河水中凸起的"小岛屿"。当然，也可以躺在气垫床上沐浴阳光，感受着那树上鸟儿的嬉戏声和着流水的欢歌，自由自在地在水中戏水（图 2-26、图 2-27）。

如果在恩城山水自然景区游玩一天觉得累了，可以选择住上一晚。那里有个岛上人家——恩城水上农家乐。恩城水

图 2-21　恩城植被

图 2-22　恩城河（一）

上农家乐依山傍水，房前溪流潺潺，四周青山叠翠，优雅、宁静、恬淡、清馨，是一个远离城市喧嚣、休闲养生的绝佳胜地。傍晚可以选择到周边走走，走进田边地头欣赏享受那美丽的田园风光。也可以走进农家去了解、体验农家生活、风土人情。晚上，可以推开窗户欣赏农村独特的夜景，仰望那通透天空的繁星闪烁、明月当空，呼吸着阵阵的稻花香；当你躺着床上，感受农村夜晚的宁静，聆听河水流动的声音，远处不时传来虫鸣与蛙声……充分体会"此景只会天上有"的世外桃源意境，只会陶醉在这不经意间的经历之中。

当然，在一天尽情感受后，还可以坐进农家小木屋，享一享地道的农家美食。在这里隆重介绍几道让人感到惊喜的原生态食谱——"恩城四绝"：明炉烤鸭（琵琶鸭）、恩城河鱼、五色糯米、手舂糍粑。这些美食的主厨都是恩城地地道道的农民，原料都是原生态的食材，做出来的美食都是原汁原味的本土特有风味（图2-28、图2-29）。

3. 山水景观与传说

恩城河在美丽的山涧环绕着，时而在平坦的田陌蜿蜒蛇行，时而跌宕起伏，如调皮的少女欢腾流淌；两岸翠竹丛丛、古树葱茏，河边生着各种古怪精灵的奇石，琳琅满目、美不胜收。这时河水流到和平村伏那屯时突然分为多股河道，把这片山坳盆地分割形成了十几个岛屿。岛上、水上满是树木，形成一片水上森林，而在这里面可以欣赏到大黑马、恩爱石、千年龟和金蟾蜍的经典景观。

当踏上这个水上森林景观区，进去最先看到的几棵大树下面的那块岩石就是一匹大黑马，它将头朝着里面卧着，两眼凝视着不远的石块不忍离去，是在等候着它的主人……（图2-30）人们都说：这真是一匹忠诚的老马！再往里走，跨过一座小石桥后，在河水中间可以看到两块重叠在一起的石块，此时再仔细分辨，这哪里是石头？分明是一对情侣躺在山涧忘情地长吻……这个吻，吻得实在是天长地久，荡气回肠了（图2-31）！而且就在这小石桥的两边各长着一棵红豆相思树，这无疑就是他们坚贞的爱情感动了上苍，特地安排了这两棵象征爱情的相思树作为烘托主题的应景树！

据传这背后有着一个凄美的故事：在很久以前有个叫赵四的女子长得如花似玉，她是恩城土司的女儿，土司老爷早已经将她许配给隔壁的太平州李家土司儿子为妻。这李家公子年龄才二十来岁，却已经收了三房小妾，生了四个

图2-23　恩城河（二）

儿女。虽说赵四小姐嫁过去便能当正妻（权利最大的老婆），但找个花花公子做夫婿，心情总不舒畅。那年农历四月十三乘土司老爸赶歌圩，赵四小姐偷偷骑了黑马来到此地散心。这时跑得一身汗水，正好看到树林里的那一潭碧水，便悄悄下河洗澡，却不料水里有只千年乌龟精，乌龟精向前要调戏、非礼她，赵四小姐顿时花容失色，吓得连滚带爬逃上岸来大呼救命，乌龟精紧追不舍。刚巧有个壮家小伙子阿侬在山里砍柴，听到凄惨的呼救声赶紧跑来，这时眼看乌龟精就要得逞，阿侬飞快将一根木柴插进了乌龟壳中，将乌龟死死地定在那里。后来那根木柴长成了一棵参天大树，至今还牢牢地将乌龟压在地上，永远不准它爬行（图2-32）。

当时，赵四小姐害羞地躲藏在树后，阿侬赶紧找到衣裙送去。看着英俊勇敢的阿侬，小姐感恩生情，爱上了这个贫寒的小伙子。小伙子惊喜交加，几乎不敢相信这样的幸福是否真实。等到黄昏降临，阿农牵着小姐的酥手依依不舍，相约中元节再相见……土司府的儿子们可以像老爷们一样任意寻欢作乐，而女儿们却只能在后花园里嬉闹度日。她们的命运只有两种：要么嫁给别的土司的儿子，要么留在家里做个剩女（老姑婆）。赵四小姐在闺房里度日如年，数月过去，好不容易等到中元节这天，才有机会和姐妹们外出，然后与阿侬如约相会，他们在山林溪边互诉衷肠，直到月亮升起到中天。

却说土司一大家族祭祖回家发现赵四小姐未归，便派兵丁仆人四处寻找，夜深人静循着歌声终于发现小姐竟然和农奴的儿子在私会。于是规劝小姐回府，但小姐已经不肯回

图 2-24 恩城河（三）

图 2-25 恩城河（四）

图 2-26 恩城河（五）

图 2-27 恩城河（六）

家了。兵丁只好接来土司老爷，土司愿意出大把的金银财宝，用来感谢阿侬的救命之恩，然而阿侬金山银山也不要，只要求土司留下赵四小姐。恼羞成怒的土司生气地掷出金银锭，结果变成了一只金蟾蜍趴在溪潭边了（图 2-33）。

土司爷命手下把他们分开拉走，他俩泣不成声也换不回老爷的同情怜悯。在小溪边任凭兵丁怎么也拉不动，原来他们化成了一对恩爱的石头，永远永远拥抱在一起了。这群兵丁吓得赶紧逃回去，这时老爷还心疼系在树下的大黑马，命手下牵回，却不料大黑马也不愿离开小姐，脑袋朝着小姐的方向，同样变成了一匹石头黑马。

当然这是一个传说的凄美故事，你也可以另有更加美丽的传说，反正是仁者见仁、智者见智吧。但是这里面的大黑马、恩爱石、千年龟和金蟾蜍景观石可是真真实实地在那里，并且直到永远……

在 2015 年夏天热播的电视剧《花千骨》，就有不少剧中场

图 2-28 恩城风味美食（一）

图 2-29 恩城风味美食（二）

景在此景点拍摄。凑巧的是剧中女主角花千骨（赵丽颖扮演）洗澡被白子画撞上的地方，就是传说故事里赵四小姐洗澡之地。因此，现在竟然有不少青年男女前往此地游泳，此地成了热门的"天然游泳池"，并被戏称为"千古瑶池"。另外在这清澈碧绿的溪流边，在众多的植物里还应景地生长着两棵秀秀恩爱的植物，一棵是长在水边粗大高耸的海南大叶榕，另一棵鹅掌藤则依附在榕树躯干上，呈现了藤缠树来树绕藤，相互越缠越紧，体现你中有我，我中有你，把生命已经融为一体之景象。

在恩城河这片区域的传说故事、影视片段和景物诉求均传达着坚贞又缠绵的爱情主题，因此把此地命名为"千古瑶池，爱情河流"，当是最为合适的景点名称吧（图2-34）。

图2-32 千年老龟

图2-30 忠诚的大黑马

图2-33 金蟾蜍

图2-31 永恒之吻

图2-34 千古瑶池

第五节　安平湿地景观

雷平镇的安平村距离大新县城 38km。安平村有一条美丽景色的河流环绕而过，就是以"原生态山水"著称的安平河，它属于黑水河的下游。它作为雷平镇的母亲河，自古以来就是雷平地区骆越民族及其后裔壮族人民辛勤劳作、繁衍生息的源泉，千百年来壮族先民们用自己的勤劳和智慧创造了这片流域的文明和文化（图 2-35）。

目前，在安平村的这一带河段上还是保持着一种原生态的状况，安平河段是在周边山体中忽然开阔的一块山间盆地上，河水由西北向东南方向静静地流淌着，河面比较宽广，在这里河水分成多条河道，分流环绕围合形成了大大小小好几个岛屿，体现出强烈的湿地环境特征。岛屿上树林茂密，植物种类很丰富，这些树木具有很高的植物物种研究价值以及景观观赏价值。岛上河中岩石形态各异，有的像猴子献桃，有的如同大象戏水，在这里你可以发挥想象力，定会得出种种故事。透过清澈的河水可见到众多的鱼儿，它们逍遥自在、快活无比地在水草、石头间穿梭着，不管是植物或动物，一切都是自然而然地自由生长着（图 2-36、图 2-37）。在这一带居住的村民都是用竹排作交通工具出行或者打鱼。游客们也是撑着竹筏，沿着河水缓慢地穿梭在岛屿之间，河岸上是一片片桃林、沙皮树、青檀、樟树、

桄榔以及竹林等灌木丛。岛屿上参天大树密布，枝繁叶茂，苍山层层叠翠，竟然有一棵四人合抱的大树。在一些河道中还长着碗口粗的树兜，树枝上垂吊下植物藤蔓，所有的这一切都是非常原生态的热带雨林的感觉，所以我们把这个地方称为大新的"亚马逊河"。我们是 4 月份到安平来考察的，这里春意盎然，到处百花盛开，满山遍野争奇斗艳。伴随着一阵阵鹧鸪声，传达一种别有风味的山谷田园野趣；偶见叶片飘落随风翻飞，和着一只只起舞的蝴蝶。蝴蝶们耐不住春意、春心、春的萌动，抖动着双翼在招引异性，相互追逐而妙趣横生……水鸟如精灵般在碧绿芳草中飞来跳去，在这春的世界里，一切都焕发出勃勃生机（图 2-38、图 2-39）。

安平河的上游河段有一个较大的落差，水流很急，形成了一个有 200m 宽的叠瀑，这个区域撑着竹筏是上不去的，哪怕是农民自己的柴油机船也很难上去，这一河段的感觉与刚刚平缓的"亚马逊河"区域完全是两个概念。我们换坐了一艘马力很大的电瓶游船，这里的水头冲力很大，这时游船似乎有点吃力，要走"之"字形才上得去。我们的情绪随着靠近瀑布以及水的激流轰鸣声传达到了顶点，瀑布气势磅礴、一波三折，层层跌落、水势激荡。在这里 360°

图 2-35　安平河与古桥

图 2-36　江心岛屿

图 2-37　安平河（一）

都是景，此时大家已经欢呼雀跃起来，你说看这他说看那地顾此失彼、兴奋不已。看着清澈欢腾的水，大家终于按捺不住，纷纷下水游泳。说是游泳，其实是在与激流搏斗，稍有不慎已被冲出七八米远了，在这来回反复过程中，仿佛回到了童年时光的那种童心、那种乐趣。这里的空气中夹杂着丝丝水汽，清新甜润、幽凉舒爽，让人感觉到心旷神怡。呼吸着这儿的空气，感受着这儿的风，似乎已经和河水融为一体，和大山融为一体，和整个世界融为一体……在感受所有这一切时，绝对有不枉此行的感慨（图2-40）！

在安平河的下游100m的河段却变得很平缓，这里的河流与人的关系是很有亲近感，很宜人的。人们随时都可以在那里游泳，体验自己撑竹排、划皮筏的乐趣，我们还遇到了一对情侣在"亚马逊河"上自由自在地划皮艇、惬意地嬉水游玩，所以说这里具有很强的、宜人的亲近感。这里确实是一个非常休闲、惬意、令人放松的好地方（图2-41～图2-42）。

图2-38　岛上大树

图2-39　安平河

图 2-40　安平河（三）

图 2-41　安平河（四）

图 2-42　皮划艇畅游

第三章

沿边建筑人文景观

大新县是在 1951 年由三个县组合而成的，将民国初期由原先封建领主世袭的八个土司州合并成立的雷平县、万承县、养利县的三个县辖区，再合并成为现在的大新县，大新县名取又大又新之意。现在大新县辖区的乡镇中还保留着许多土司州府、古城楼和寺庙等传统老建筑。

大新县城所在地桃城镇，是古代南疆边陲的养利州城。养利州，它的前身和下雷州相对应，叫做上雷州，据说成立于 1053 年。当年州城建在而今的那岭乡旧州屯（因而得此名），现旧址仍在，位于通往黑水河下雷方向的那岭乡公路边。

另外，按照《大新县志》（1985 年出版）记载，养利州的建立还要往前推至唐朝，那时就已经建立有养利羁縻州了，隶属邕州都督府（今南宁）。旧州的搬迁，还得说起邻居交趾国——元末明初的 1313 年，中原大乱，边疆狼烟四起，交趾（越南）军队趁此机向这些小土司的领地发起侵略战争。他们攻克了今天的大新、龙州、宁明、凭祥、靖西等地，在大新一带他们侵占了安平、太平、下雷州，也攻陷了上雷州，掳走妇女和青壮年 2000 余人口，一把火烧毁了州城。土司赵氏一家老小以及一众随从逃命中来到了利江边

上，见此地环境不错，于是便将州城选定在这里，从此上雷州变成了养利州城。关于养利州名的来历，据传说当时这里有两个小屯，分别名叫养屯和弄利，各取一字成为州名。也有另一个说法：旁边有山名养山，加上小溪名叫利江，也是各取一字成为州名。因此，根据以上情况来推算养利州城的历史，不是县志所说的 500 年，而应该有 700 年以上的历史了。

第一节　养利州

养利州城是一座至少有 500 多年历史的山城，因其城墙围合形似桃果故又称"桃城"。据文献记载养利州古城始建于明宣德年间，明弘治十四年（1501 年）初为土城。万历十一年（1583 年）将土城墙改为石城墙。清康熙七年（1668 年）洪水暴涨，城垣崩塌殆尽。清康熙四十六年（1707 年），知州率官民全面重修，重修后的州城，内外砌石料，中间填土，上面铺火砖。石墙高 1 丈，厚 8 尺，周长 379 丈。清乾隆三十一年（1766 年）山洪暴发，城墙受严重破坏后只能进行全面整修。城墙上筑城垛 491 个，四周按方位修建东南西北 4 座城楼，开东、南、西、两小西门共 5 个城门。经历史的变迁、时间的流逝，现在的桃城仅存东、南、西 3 座城门和水闸门以及北楼楼基的一段残墙。今所见的古建文物为经明、清、民国多次维修后的养利州城东、南、西三大城门楼，门楼上各镶门牌，至今仍有"清乾隆三十一年重修"的落款。这三大城门数南门最高，其高为15m，在桂西南一带数养利古城规模最大而雄伟。时至今日三大城门还相当牢固，现为县级重点文物保护单位。

当年建筑这样高大的城墙是有其历史与地理环境的原因的，因为这里是特殊的边疆少数民族及边疆地区，在官府眼中，四方的土州都是那些没有开化的野蛮族和经常来侵犯的邻国，必须有个城池来确保自身安全感，也是戍边的战略需要。当时大新的八大土司府，除了四面环河水的恩城州没有城墙，其他的州城都有泥土石块垒起的城墙。

据资料介绍，在当时边城里养利州城规模已算不小，身世独一无二，举世无双——经历明、清两个朝代，历时 500多年时光，换届过 50 多任知州，城墙屡建屡倒，屡倒屡建。关于修建养利城，在民间流传一个神奇的故事：筑城时每天的民工有 100 人，但每到吃饭时间，民工人数反复点数却只有 99 个人……这缘由是养利州官民勇敢勤劳、不畏艰难，一代接一代修筑城墙的执着精神感动了玉帝，于是

玉帝便派一位神仙前来帮忙，加快了建筑的速度。

养利古城由于城墙及城中曾有的古建筑因为战乱及时代原因而被摧毁和拆迁，所以如今仅剩下三座城门孤零零地站着，它们是这里忠实的守望者，记印着古城过往的岁月，同时也在向过往的人们诉说着古城的今生前世。在城墙的四周，按方位修建东、南、西三座门楼（北面只建楼，不开城门）。在南门楼和西门楼之间开小西城门，方便居民到利江河汲水、洗刷衣物。在小西门附近的城墙之下，依地势开有一个拱门，名"水洞"（即水闸门）当地壮话音为"达渡能"，以供城内两个水泉洪涝时泄洪。养利城西南方向的利江上有一座古老的鸳鸯桥，是因为建筑城墙需要大量运输巨石，必须首先铺路架桥，所以就建造了这美丽的鸳鸯桥（图 3-1）。

前面提到上雷州与养利州的关系，具体原因为：古代史书

图 3-1　利江上的鸳鸯桥

称这一带是西原依峒地，简称西原蛮。明代中叶之前，属于邕管羁縻州，系少数民族土司统领的地盘。当年的上雷州从旧州迁移到桃城变成养利州，在《元史》中有载：1313 年正月，交趾军三万余人，进犯镇安州、归顺州（今德保、靖西和下雷地区），杀掠居民，焚烧仓廪庐舍。四月，交趾兵犯上雷州，杀掠 2000 余口，州城已毁，只好搬迁到了利江边。

自此的五百年间，养利古城一直是桃城人民的骄傲。不论春夏秋冬阴晴晨夕，只要登上城墙环城一周，周边美景尽收眼下。在东边，可以看到"七星伴月""武阳灵山""观音峭壁""弄月镜台"之胜景；在南边有"魁星楼""社稷坛""迎恩桥"等著名历史建筑，在熏人欲醉的习习南风中，你还可以领略到"悬崖仙杖""无怀古石"等景点的奇妙景观；在西边，终年晶莹透彻的"利水流清"、静谧清幽的"瀛洲书院"、小巧玲珑的"金印奇峰"景象展现在眼前。而极目远眺"养山叠翠""散花仙岭""呼水奇泉"等胜景，更会使人欲罢不能，不睹不快；在北边，可以眺望云遮雾障的"皇祖远岭"，可以遥想将军山下的古教场和演武亭上练兵习武威武雄壮的呐喊声……总之，这座凝聚着养利人民智慧和血汗的宏伟建筑，在历史上曾经起过不可磨灭的作用。周边各个土司州城，均因建筑不起如此高大的城墙，因此在历史上的战争动乱，或者因为土民造反，都有过遭遇掠城、屠城及火烧州城的经历，如太平、安平、下雷、万承等各州城。

养利古城墙随着岁月的流逝和和平时代的到来也慢慢消失了。养利城墙的拆除，在《大新文史资料》第四辑中有记载，1952 年开建大新到崇左的公路，"在今县城南面至壮校附近这段，如取直线必须新建桥，沿旧路基过旧桥则打急弯，虽须旧桥加固，终比造新桥快省，于是决定过旧桥。利用旧桥须加一层 0.5m 厚的拱石外，据水文情况还须增设

一孔拱桥，但所需料石何来？于是有人建议拆桃城城墙的石条使用。而从西门城楼附近到小西门这段城墙因靠近河边作围堤防洪不能拆除。于是，桃城城墙于 1952 年秋开始被拆卸，起先从南楼城门左右这段拆除。"

有了这样的开端，后来的事态就不可收拾了：随着社会的发展，人口逐渐增加，县城也随之扩大了，这样赵家造房少点石料、李家搭猪圈少点砖块，居民们修建住房时便都打起了这城墙的主意，尤其是在"文化大革命"时期干脆搬个一干二净，如此种种且当古城墙再次造福于民吧。昔日曾经无限风光且阅尽沧桑的古老州城，而如今只剩下东、南、西的三大巍峨城楼，拥挤着与高大的现代建筑一起，成为西南边城历史的见证。

1. 养利古城南门楼

养利古城东门楼位于桃城镇民权街南端，始建于明弘治十四年（1501 年），明万历十七年（1589 年）改建，清乾隆三十一年（1766 年）重修。门面朝南，占地面积 80 多平方米。拱形城门，料石结构，拱宽 3.2m、深 7.7m、高 3.3m。城楼是两层的砖木结构，面阔三间，进深三间，内为两层楼层，屋顶多次维修，门楼通高 15m。南门是现存的三座城门中最高且保护最完整而最具观赏价值的一座，于 2015 年又对城楼进行了全面维修。现作为大新县博物馆展示厅（图 3-2、图 3-3）。

2. 养利古城东门楼

养利古城东门楼位于桃城镇中山街东段，始建于明弘治十四年（1501 年），明万历十七年（1589 年）改建，清乾隆三十一年（1766 年）重修。门面朝东，占地面积 80 多 m^2。料石结构，拱形城门，拱宽 3.2m、深 8.3m、高 3.3m。城

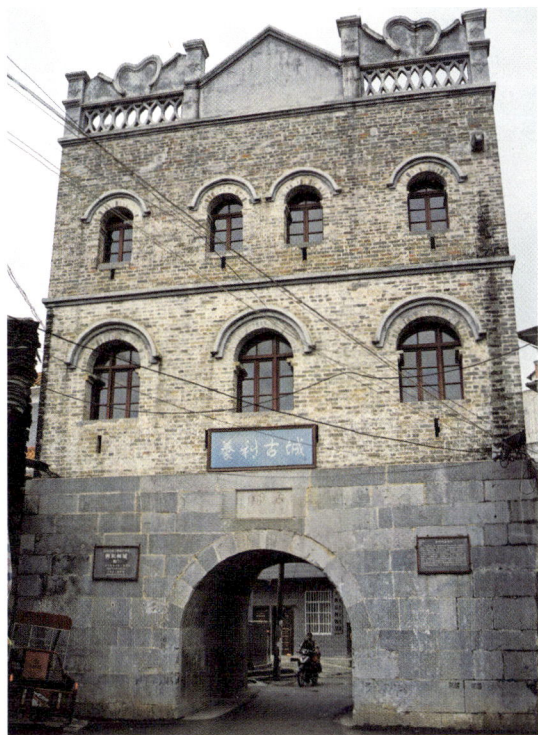

图 3-2 养利古城南门城楼

图 3-3 养利古城南门城二层内是博物馆展厅

楼为两层的砖木结构，硬山顶。面阔三间，进深两间，门楼通高 14m。现作为片区文化站（图 3-4）。

3. 养利古城西门楼

养利古城西门楼，位于桃城镇民族街西段利江河边，始建于明弘治十四年（1501 年），明万历十七年（1589 年）改建。占地面积 80m²。拱形城门，料石结构，拱宽 3.2m、深 7.5m、高 3.3m，保存完整。城楼砖木结构，三开间，进深两间，硬山顶。门面朝西，门楼通高 12m。楼层内西南方向具有观景台功能，近看西门岛，远眺"养山叠翠"景观，同时正堂中间有一神台，供奉着一尊神像（图 3-5～图 3-7）。

4. 养利古城北楼基址及城墙

养利古城北楼基址及城墙，位于桃城镇东北面，始建于明弘治十四年（1501 年），明万历十七年（1589 年）改建，清乾隆三十一年（1766 年）重修。占地面积 80 多平方米。城墙内外两侧料石砌置，中间填土，周长 1300m、高 4.2m、宽 3.5m。现仅存北楼西侧城墙，长约 150m，残墙高 3～5m。

图 3-4 养利古城东门城楼

养利古城墙，始建于明朝弘治十四年（1501年），为养利州知州罗爵（状元罗洪先的父亲）所建，最初是个土城。万历十一年（1583年）知州叶朝荣（宰相叶向高的父亲）将土城改建为石城。万历二十九年（1601年）知州许时谦改建北楼。清朝康熙七年（1668年）洪水暴涨，城垣崩塌殆尽，知州王乾德督匠重修但完工不久又倾颓。康熙二十四年（1685年）知州章泰率民重修，但时值大雨随修随坏迄无成功。直至一百年后的清朝乾隆三十二年（1767年），知州麻永年才又率众进行全面重修。石墙高一丈，厚八尺，周围三百七十九丈（合一千三百多米）。在外石墙上又加砌砖墙，设筑墙垛四百九十一个（每个高七尺），并设置大小炮台五座。另外，在城墙之上按方位修建东南西北四座城楼，并开有东、南、西、两小西五个城门，在两小

西门之间的城墙之下，依地势开有一个拱门，名"水洞"（即水闸门），以供城内两个水泉洪涝时泄洪。这样养利州的城池经过养利州几十任知州和全州人民的艰苦奋斗，历经明、清两个朝代五百多年时间，终于建成。

建成后的养利州城堡气势磅礴，形态壮观。城墙上可策马驰骋，堪与明代靖江王所建的桂林王城相媲美，"养利好城池"这是当年得到的周围州县的羡慕称赞。养利古城自建成到拆毁的五百多年间，一直是养利人的自豪与骄傲。站在高高的城楼上极目远眺：利水流清、观音峭壁、弄月镜台、金印奇峰、武阳灵坛……闻名遐迩的养利十景几乎尽收眼底（图3-8）！

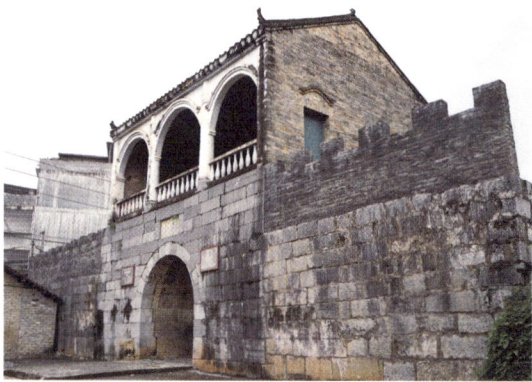
图3-5　养利古城西门城楼

图3-7　养利古城西门城楼南的神台

图3-6　养利古城西门城楼观景

图3-8　响水桥与观音山

第二节　硕龙镇

硕龙镇是西南边陲的一颗明珠，是广西也是中国的旅游名镇。硕龙的建镇历史并不长，也是德天瀑布的影响力所致。硕龙镇是大新 14 个乡镇的后起之秀，而且还形成了后来居上的态势，入选了 2017 年 2 月住房和城乡建设部公布的全国第三批 42 个美丽宜居小镇名单。

1. 硕龙街圩

硕龙最早的时候只是个荒山野村，并没有多少户人家。当年这里是中国边疆，历代来经常发生战争的地区。在明神宗时期，这里与对面越南的大片土地还是中国下雷土司的领地，所以在那个时候，德天瀑布还是属于中国领土下雷辖区内的瀑布。一直到了明朝末年，中国与越南就两国边界的反复争斗中，双方均不惜付出惨重代价争夺，下雷土司这时候才无奈地签约："以河为界，更不复侵夺者也"，从此德天瀑布才成了跨国瀑布。

当年徐霞客到了下雷，没有走近路从安平沿硕龙到下雷，就是怕路上文趾上兵抢劫才绕远路到的下雷，在他的游记中写下：青龙山后就是莫夷（当时越南皇帝）境，已被侵占十多年了。

1895 年之后因为分国境线边防事，广西提督苏元春来到硕龙视察工作，看到从金龙至下雷边界一线都没有一个圩场，于是提出在硕龙这里搞一圩场，以方便边民赶集交流物资，也有利于稳定边防士兵守边卫戍。从此，硕龙渐渐变得热闹兴旺起来。所以，硕龙街上的居民大多是外来户，主要是守边的军士或者是商人的后代。硕龙的地名据说也是苏元春所取，原名石龙，因从骨屯沿归春河的山岭走向形似巨龙，苏元春在龙州已经将弄匪改名金龙（今龙州县金龙镇），苏元春经过思考后便将石龙改成了硕龙。硕龙：巨大之龙也。从此以后硕龙人将建镇日定在农历的三月十五，每年这一天必先到独山上的神庙，由年长者主持举行隆重的祭奠仪式。然后在街上举行舞龙、舞狮、抢花炮和唱山歌等民俗文化活动，此时家家喜气洋洋开门迎客，处处洋溢着欢庆、热烈、祥和的节日气氛，周边县乡的居民甚至越南边民都会赶来参加。硕龙街上常见到越南边民，他们之间的来往可不像我们出国需要护照。两国边民是想来就来想走就走，就像内地人从这村进那村一样随意、方便。当然，现在管理严格后没有那么自由了，但是他们只要办个边民通行证，经过边防站的通关口仍然可以常来常往。只要是重大节日活动中越两国边民都会欢聚一堂，成为太平盛世的一大景象。

当年硕龙街的居民，大多数是戍边士兵，少数是肩挑贸易客商。在居民中神权观念比较浓重，为了人身安全、安居乐业生意兴隆，他们仰赖于神灵保佑，所以决定建个神庙。当过兵的居民就是想到要造一个带兵的人王神，便在街头河边的独山脚下建造一间草棚神庙，用黄土捏一个全身披甲武装的大王爷塑像。大王爷塑像落成之日是当年农历六月十三，独山很陡，悬崖峭壁不易攀爬。为了移庙上山，街民只好冒着生命危险攀藤爬树而上。果然山上有个小岩洞，于是历尽千辛万苦，才将大王爷像移到山上岩洞。同时，为方便街民登山烧香礼拜，发动众人捐款筹钱雇请石匠凿石开路，终于修成一条羊肠石级小道并附以扶手围栏。每年农历三月十五建街日和六月十三大王爷诞日，硕龙街都举行隆重的庆祝活动。此民俗活动至今流传了一百三十多年，以此硕龙街头独山也就成了古迹名胜（图 3-9、图 3-10）。

在大新有一条水渠（被誉为"南方红旗渠"的跃进飞渡）就位于硕龙镇，此项工程是于 1957 年由中国与越南两国边民共同修建，1959 年建成通水的引水渠道。这渠道渡槽水利取水点位于对面越南境内下琅县，水渠服务于中越边境边民，尤其对于大新硕龙、宝圩等地乡村水田灌溉，对农业生产发挥了很大的作用。随着时间的推移，水渠年久失修而越方渠段经常塌方，影响灌溉稻田，造成受损，加上中越双方签订的期限临近，所以 1974 年经过广西壮族自治区政府批准开始了跃进水渠改道工程，这次改道工程进水口在中方境内归春河隘江段。经过四年的艰苦奋斗，1978 年改造工程完工，成为当时大新县最大的引水工程，也是当时南宁地区引以为豪的工程。此项工程在艰难困苦施工的过程中出现了许许多多可歌可泣的动人事迹：妇女也成为强劲的劳动力，有"三八连"的年轻的女连长坚持在工地三年，把婚期一推再推的事迹；有工地上出现父子兵同争模范兄弟姐妹之间相互争上游的现象；还有因工地经常出现塌方险情，在大儿子因公牺牲后父亲又把小儿子送上工地，继续在工地上奋斗的英勇事迹。此外，还有因为经费有限，许多设备无法购置，当地的工人们发挥主观能动性以土法上马，解决了施工难题，经过几年艰苦卓绝的奋斗，1978 年 4 月终于完成了在当年这种环境条件恶劣的情况下，似乎无法完成的伟大工程。在此说当时的民工们风餐露宿、野菜充饥也不为过，就是有一种精神的鼓舞，充分体现了"人定胜天"的英雄气概。这次水渠改道工程凿通 22 座大山，架设 5 座渡槽，颇为值得骄傲的是挖穿了十九埂大山，改道后的跃进水渠全长 133km。现在虽然经历了几十年，目前仍然正常使用。这里不得不说，当你亲临现场你会感到震撼和赞叹，会向这伟大的工程致敬！向伟大的壮民致敬（图 3-11）！

图 3-10　硕龙街庆现场（孙舟摄影）

图 3-9　硕龙街庆（孙舟摄影）

图 3-11　跃进飞渡水渠

2. 靖边台

说到靖边台不得不提苏元春，苏元春在中越边境戍边卫国方面作出了很大的贡献。首先是协助冯子才大败法军，接着苏元春在任广西提督近 20 年间，在中越边境统军镇守边疆务实作风的有效举措，切实为边境军民做了实事，戍边威名远扬。

苏元春在修复被法军轰毁的镇南关之后，又修水口、平而两关以振国门。并在千里边境线上修建 165 座炮台和碉台、109 处关隘、66 个关卡，构成庞大宏伟的军事防御体系，防御工程有"乌鸦飞不过，老鼠钻不进"之称。这些设施位于今北海、防城、东兴、宁明、凭祥、龙州、大新、靖西、那坡等市县沿边地区，因其多以城墙相连，故有"南疆小长城"之誉，并于 2006 年被定为国家重点文物保护单位。

1885 年秋苏元春将广西提督府衙门从柳州迁往龙州，鉴于桂越段边界长度占全部中越边界三分之二还强的重要性，广西提督府迁到龙州，法国领事馆也设在这里。因为这里"陆当镇南关之冲，水扼平而水口两关之汇，为全边之所辐辏"，故一度成为"一镇锁三关"的中国南疆边防中心。苏元春并且在五峰山上修建工事和炮台，把原小垒城由五山峰衔接连成一道城墙，"取连城险塞，屯兵积粮""建行台其上""筑炮台百三十所"，构筑了一道边防要塞。因工程浩大，资费不足，他带头捐炮，"三易寒暑"才建就龙州连城，即小连城军事指挥中心（因为凭祥有防御工事叫大连城）。

苏元春于光绪年间在硕龙的礼贤村率领边防军民构筑炮台即"靖边台"，炮台占地面积 120m^2，平面呈方形，城墙有拱顶，全部为料石垒砌，边长 11m，高 5m，内分两层，下层置有大炮，三面开有炮口，上层设有兵房，炮台大门为拱券式，面朝东南，门额上嵌"靖边城"石匾。靖边城三个阴刻的大字，书法工整、有力、遒劲，门楣雕刻有一传统的蝙蝠造型，城门上沿顶部有一镂空石刻吉祥图形，虽然为山上防御工事，却也体现出传统文化内涵。只见石砌的炮台古堡傲然屹立，崖间的战壕蜿蜒于山梁之间和古堡紧紧相连，延绵城墙如同铸在西南边境的一道"长城"（图 3-12～图 3-15）。

苏元春督边 19 年，建筑的边防工程固若金汤，使法帝侵略者虽然对广西虎视眈眈，但不敢越雷池一步，边境无战事。炮台至今还是威严、雄伟地屹立在边防线上。

3. 陇鉴屯干阑建筑

在广西壮族自治区境内还保存有很多"壮家古寨"，如龙脊古寨、朗梓古寨等已经名声在外。位于崇左市大新县硕龙镇隘江村的"陇鉴屯壮家生态旅游村"也属于"壮家古寨"，她是一个微型的具有边地特色的壮家"古寨"。说是古寨，一是以"古"来寓意有一定的年头，其实陇鉴屯的民居建筑的历史也就是几十年的岁月；二是指此村屯居住的壮民具有久远的历史传承渊源之内涵。从村落整体布局到房子造型，仔细观察研究会发现很多地域环境和建筑元素的特点，但是由于时代的发展，村民们都在周边建造居民楼房，现在这陇鉴屯壮族干阑老宅已经没有人居住了（图 3-16、图 3-17）。

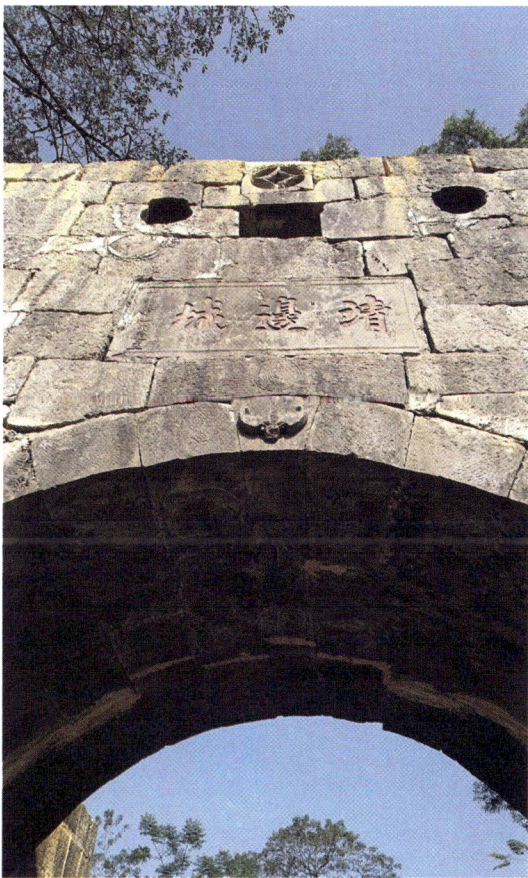

图 3-12　靖边台门匾（孙舟摄影）

（1）广西村落民居特点

陇鉴屯的老宅属于壮族干阑建筑构造，在这里简要地介绍有关干阑建筑的知识。广西聚集了壮、汉、苗、瑶、侗等12个民族，广西古称百越，百越诸族的聚落村寨大部分都分布在山岭之中和溪河岸边。这里的一山一水一草一木凝聚了独特的地域生态文化。山水是百越民族生存的依托，山提供了建筑所需树木和耕种粮食的田地，水则是生活及从事耕种中必不可少的资源。在聚落村寨的民居建筑中，有一定的建筑形态类型，但还是以干阑建筑为主。

从我国的建筑形式来比较，北方比较寒冷，风雪较大，所以北方的建筑比较厚实，墙体也很厚，因为它要挡风、保暖。在雪域地区的西藏更加寒冷，而且多石，石头是主要建筑材料。西藏由于风雪天气时间比较多，所以藏族建筑的窗都很小。南方的建筑形态、墙体很轻盈，很强调开窗、开门的通透性，跟北方的建筑有很大的区别，这是跟地域环境、气候有密切关系的。像广西的干阑建筑除了这些共性，不同地方的还有自己另外的特点，也是地域的特色：因为大都是山地，平地比较少，所以需要架起来，这就省去了平整土地的工序，节约成本。另外，因为南方雨水多，地面潮湿，架起来以后使房屋的通风性更好，天气炎热时更加清凉。干阑式建筑的墙体不像北方建筑的墙体那么厚，很多是用竹子、木板做的。整个建筑全部是木材做的，墙体是木板，有的屋顶上面连瓦都没有，而是用茅草或树皮来建造。

干阑建筑根据不同的地域环境而有不同的营造形式，主要有全楼居、半楼居和平地居式干阑。全楼居即全木结构的高脚干阑、矮脚干阑，主要分布在桂西北的龙胜、三江、融水、田林、隆林等县。半楼居为依山而建，挖劈山坡为平台，前半部立柱悬空为楼，上铺楼板与平台齐，后半部以屋基平台为居住面，形成半边楼。这类干阑主要分布在河池地

图3-13　靖边台城门（孙舟摄影）

图3-14　靖边台城墙（孙舟摄影）

图3-15　靖边台枪眼（孙舟摄影）

区。平地居式一般是在比较平坦、开阔的平峒或山间的盆地，这样的地貌，空间开阔。营造形式有全木结构或砖木混合结构，村落的规划布局根据具体环境营造成带状或团状。主要分布在桂中和桂西南一带。

干阑建筑的建筑风格是随着时代变迁而逐渐形成的，其起源于古代越人的住房形式，至六朝及唐宋时，西南僚人亦"依树积木，以居其上"，名曰村"杆栏"。明时僮人"居余，茅而不涂，衡板为阁，上以栖人，下畜牛羊猪犬，谓之麻栏。"干阑建筑能在不同的地形上建筑，具有防暑、防猛兽、防蛇虫、节约土地的优点；而人居其上，牲畜居其下，方便照料。因此长久以来壮族群众都选择这种建筑模式来适应当地的自然环境和气候，同时也体现了农耕文化中牛是起着最主要作用的生产工具。

干阑式民居是广西壮族民居的原生形态，它曾经广泛地分布于广西各地，随着汉文化的传播、生活观念的转化、族群的迁徙、人口的增长以及木材资源的枯竭等原因，干阑建筑逐渐消退，只在部分山区还有保留和延续下来。它的基本特点是木构为主，亦有夯土干阑等次生形态，底层架空以豢养家畜，二层住人。广西各地的壮族干阑民居，因其地域的差别、文化的差异、木构技术、建筑材料的不同而有所差别。这些差别对我们研究社会文化因素和自然地理因素对民居的影响，研究族群的来源、迁徙过程有着重要意义。

（2）壮族干阑建筑的入户方式

壮族干阑民居的入户方式是指入户方位的选择、楼梯的设置以及入户方向与住宅室内空间的轴线关系，它不仅反映了不同地区居民对于建设用地的利用情况，也反映出礼制观念等文化信息。广西各地壮族干阑民居的入户方式有以下几种：

图 3-16 陇鉴屯老房子

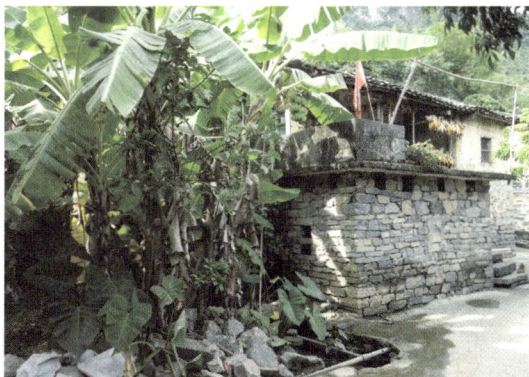

图 3-17 陇鉴屯环境

侧上正入型：侧上正入型是指从住宅侧面（山墙面）上楼梯入户，经前檐通廊在正面进入堂屋。楼梯设置在侧面，不占进深方向的空间，有利于山地民居节约用地。其楼梯的入户处与堂屋的正面通过通廊进行联系，使得进入堂屋的路线发生了90°的转弯，没有强调堂屋与整体建筑中轴线的重叠。侧上的楼梯以及堂屋与火塘的全开敞设置，说明了少数民族建筑对于山地地形的巧妙利用以及受汉族"居中为尊"思想的影响较少，这种形式是一种比较古老的入户方式，一般只见于桂西北地区的壮族村寨中。

正面侧入型：正面侧入型是指入户楼梯与房屋面宽方向平行进入，上楼梯后在门口位置侧转直接可进入堂屋。入户的门设在正面底层的一侧，楼梯与房屋正面平行，上面的门楼与入口正对。这种建筑入户的设计方法相对来说比较节约用地，与侧上正入型相比，其门楼入口的人流路线与堂屋的中轴线垂直，这是目前传统壮族村落中较为普遍的做法。

正面直入型：正面直入型是指入户楼梯位于住宅的正前方，并且居中而落，与堂屋后墙的神位相对，入户流线与堂屋的中轴线相重叠。但是这种入户的方式占地纵深较长，不适合在山区搭建，因为这样一来会使得楼梯十分陡峭，使用起来不是很方便。可是由于礼制思想的根深蒂固，使得这类民居在壮族村寨中占据上风。

而在陇鉴屯里的干阑古建入户方式多为正面直入型，这也应该与当地地势较为平缓，还有当地壮族建筑思想的影响有关。沿楼梯上去就直接能看到堂屋里摆放的神位，站在楼梯入口处很容易看出整个建筑是一个沿中轴对称的结构。进入堂屋，整个室内空间一目了然，显得十分通透。

（3）壮族干阑民居建筑的平面布局

壮族干阑式民居在平面布局上也能够发现其充分反映了族群的生活习惯及传统习俗。其中，大新县陇鉴屯里面的干阑式民居基本上都是属于前堂后室型，所谓的"前堂后室"指的是民居的前部为起居待客空间，后部为家庭成员生活休息的空间。在壮族地区，采用"前堂后室"这一平面布局的民居通常是采用正面侧入或者侧上正入的方式入户，进入二层正门后通过堂屋和两侧相通的火塘间（做饭、烧茶的器具）及梢间（堆放柴草的房间）来组织交通，从而进去各个卧室以及其他的辅助型空间。

这种平面格局比较常见的是三开间（堂屋及两侧的火塘间）五进深（门廊、堂屋、卧室，其中堂屋占三进深）的形式。火塘在壮族民居中是代表一个家庭的主要标识，一个火塘代表着一个完整的家庭。火塘是家庭日常饮食、烹煮和取暖的地方，是家庭成员活动的公共空间，也是一个家庭的政治、文化中心，其形式和功能具有明显的向心性。这种平面中，堂屋因其中央设置的神位而成为主要的礼仪空间，重大的祭祀等活动在堂屋中进行，而日常的社会交往和生活还是围绕着火塘来展开。

（4）壮族干阑式民居建筑的结构形式

建筑的构架形式是一种经过长期历史沉淀而形成的，并且具有历史稳定性的建筑元素，它对于区分不同的族群以及分析探讨族群之间的相互关系有着重要启示作用。根据广西壮族干阑民居建筑构架的区别大致可分为穿斗式和大叉手结合穿斗式两类。以我们此次考察的陇鉴屯古干阑民居为例，其建筑结构就是大叉手结合穿斗式。

图 3-18 陇鉴屯老建筑

穿斗式：穿斗式又称为"立帖式"，是一种古老的木结构做法。它的基本组成构件是柱子与穿枋，整个空间以不同高度的柱子直接承托檩条，有多少檩条就有多少柱子，为了保证柱子的稳定性，以扁高断面的穿枋穿过各柱的柱身，根据三角形坡屋面的界范，安排多根穿枋，越靠近中间的柱子穿枋越多。比较广西各地区干阑民居的穿斗构架，可以发现越是木结构技术发达的地区，其柱子用材越细，穿枋密度越大，各落地柱之间的跨度越大，结构构件的尺寸形状越趋向于受力合理，所用的材料也会越节省，空间也越大、越开阔。

大叉手结合穿斗式：大叉手的屋顶构架方式是一种原始的屋顶搭建方式，在较为落后的边远山区，由于技术工艺传播的阻碍，仍被保留至今。所谓大叉手，是指民居建筑的屋顶采用交叉的两根斜梁在交叉处绑扎或榫接成三角棚架，若干排三角形叉架上搁置檩条，上钉椽皮再铺瓦面形成整体屋面。大叉手的屋架，由于檩条位置不用和柱顶对应，避免了复杂的榫接结构，其做法简单，对木材的加工和建造技术要求相对较低，在壮族聚居区被大量使用。

在如今的陇鉴屯坐落的一排排壮族干阑古建其内部结构基本都是大叉手结合穿斗式，沿楼梯而上，步入堂屋抬头就

能看到一根根的柱子和檩条相互穿插排列在眼前，这种将建筑结构完全暴露于视线中的建筑是生活在现代都市里的人极难见到的，这也是陇鉴屯建筑结构体现古人传统的智慧和对空间的巧妙规划之处。

（5）桂西南壮族民居形态特色

广西西南壮族的村落、民居建筑与桂北的村寨有着明显的不同，在建造选址方面多建于山脚缓坡，形态、体量上相对于桂北的要小些。

在西南百越壮族的聚落中这一类型的村屯，大都是建造在山脚或是丘陵地带，依水而建，如此既取水方便又可以避免大河洪水之涝灾，而且地势平缓、出行方便，因此成为壮民建造村屯的最佳选址。村落周围环境是茂密的树林，绵延的山岭，间有平地和河流。清澈的溪流、河水从村中或附近流过，沿着河水两岸散落着大大小小的田地。

（6）硕龙镇陇鉴屯壮族村落

大新县位于云贵高原南缘、广西西南部，西面与越南国毗

连。大新县地处南亚热带南沿，光照充足，热量资源丰富，气温较高，夏长冬短，雨量充沛，具有明显的南亚热带季风气候特征。

在大新县的壮族民居大多数都是平地干阑形式，在民居干阑建筑建造中，根据不同的年代及经济情况而有所区别。不同年代的干阑房子，选择的建造材料有所不同。20 世纪50 年代以前建筑的干阑房子，均以木泥材料为主，即用木料做屋架和楼板，两侧和后面用竹片或小木条编成篱笆，以稻草为泥筋而糊泥为墙，上覆茅草或瓦片而成；20 世纪70 年代后建筑的干阑房子，均以石块、泥砖、木料为主，即四边用砖作柱，中间以原木为柱子，用木作横条、穿板、楼板，两侧及后面砖柱之间以泥砖砌垒。当然，如果经济条件稍差的则用竹片或小木条编篱笆糊泥为墙，经济条件好得多以砖木结构为主，用砖作柱和墙，用木作横条及楼板，然后在屋顶面上盖上瓦片而建成。被誉为"壮家古寨"的大新县硕龙镇隘江村的陇鉴屯，是一处保存比较完整的老干阑建筑村屯，村屯坐落在一座小山峦下平缓的盆地上，这是一个只有二十多栋房子的村庄（图 3-18、图 3-19）。

陇鉴屯是一个很典型的壮族传统村落构架，村头有一眼泉水，汩汩不停而成小溪河。这村头的泉眼水口有用青石条建造的水池，水池分为个三级别：首级为饮用池；二级为洗菜池；三级为洗衣等功能池（图 3-20）。村屯的这二十多栋穿斗抬梁砖石木混合干阑建筑，体量要比桂北吊脚楼矮小些。建筑是二层三开间式，以木材作为房柱、横梁、隔板、楼板等的构造材料，屋顶为青瓦覆盖。入户方式为正面正上，前堂空间贯通房屋全部面宽。墙体在从地面至 2m 高的位置采用当地的山石片垒砌，起到保护墙体防止雨水侵蚀的作用，上为夯土或泥砖。一层是厕所、豢养家畜和存放劳动工具之用。左边(或右边)外伸的晾台是以砖石砌垒，上面为晒台下面为厕所。晒台功能是晾晒谷物，也是室内空间功能的延伸，在操办节庆或婚丧大事时可以分流人员，夏天的晚上还可以作为纳凉之处（图 3-21、图 3-22）。

每家每户房屋后面都有大概二十多平方米的园子，种植有龙眼、黄皮果、枇杷、芭蕉、番石榴等热带水果，同时果树下面也间种西红柿或者豆角或者大蒜、葱花等蔬菜。园子均采用石片、竹子作为篱笆进行围栏，所有的一切都诠释着乡土乡村味道，一派纯粹的原生态景象。

图 3-19　陇鉴屯建筑环境

图 3-20　陇鉴屯村头泉水池

可惜的是在村头有一户经济先发起来的人家，建筑起了一栋三层高的现代混凝土楼房，建筑外墙还贴起了瓷砖，非常扎眼。此栋洋楼在这有着二十多栋传统干阑建筑的陇鉴屯中很是不协调，这个现象一定要在今后的新农村建设过程中引以为戒（图 3-23）。

图 3-21　房子上半部是泥砖

图 3-22　房子外伸出的晒台

图 3-23　现代楼房

第三节　太平州

现在的雷平镇古时属于太平州，而大新最大的河流黑水河从上游蜿蜒曲折贯穿而过，河水清澈如同碧玉，河心怪石琳琅满目，形成了这一片大新最美丽富饶的宝地。远古地壳的变迁，黑水河流的冲刷，造就了一片几十平方公里的平原田峒，土地肥沃，水源丰富。有游记为证："其中平畴西达，亩塍鳞鳞，不复似荒茅充塞景象……村居相望，与江浙山乡无异。"这是游圣徐霞客于 1637 年农历十月下旬从崇左走到太平州的描述，可见历史上雷平镇一直以来是个相对富庶、繁荣的地方（图 3-24）。

翻开尘封的历史，这一带的太平州和安平州均属李姓本家，他们在边地是个相当强悍的族群，从南宋到元朝至大明初，其管辖范围有现在的崇左、南宁、百色的大部地区，部落州峒官员们都得听他们的话，看他们的眼色行事。尤其是南宋末，当地名叫李维藩的首领，仗着朝廷抗金的需要到边境地区购买大量战马，利用机会和周边国家一些不法分子走私做象牙、珍珠和玉石等生意，从中渔利而大发横财。周围的州峒都得听他发号施令，一度成了统治左右江流域的"三枭之首"。即使是南宋在广西的封疆大吏也都

图 3-24　雷平的黑水河段

怕李家三分，后来官府设计除掉了李维藩，但为怕边疆生乱，又让李维藩的弟弟李维屏继续统治地盘。因此，太平府李家的实力并没有什么损失，只不过换了弟弟当官而已。但在元末明初时中原又是大乱，这时期太平州府也掉入低谷，交趾乘机霸占土地村落，又遭宁明一带新崛起的黄姓土司抢走州府官印，李家丢了官印没有了号召力，便统治不了周围的州官，只好回老家安平州。待过了一段时期时局安定之后，李家之后李郭佑、李郭辅两兄弟继续分封了老祖宗起家的两个领地，即一块是太平州，另一块是安平州。这时虽然没有鼎盛时期的富庶、强大，但饿死的骆驼比马大，直到没落的清末，在《清史稿》中，还说太平州"拥兵千余"。"民国"十一年（1922年）太平、安平和下雷三个土司州合并设立雷平县，县名即取三州合并之意。至1951年，雷平、万承、养利三县合并成立大新县。雷平地名沿用至今，但当地百姓还是习惯称作太平。

1. 狄公庙

关于狄公庙，历史上文字记载的东西很少。能查证到的是：千年前壮族的民族英雄侬智高，经常在雷峒、火峒、频峒、婆峒一带活动，鼓动侬峒地方人民起来反击交趾侵略。频峒、婆峒就是太平、安平两州所辖地。宋代武将狄青元帅率宋朝几十万大军抵抗交趾侵犯时，就来到过太平。他是前来恢复国土，赶走交趾侵略者，稳定西南边陲，造福于西南边陲人民的。因此，频峒成了拥有千年历史的太平土司州，所以太平的人们非常怀念他。没几年，传来狄青亡故的消息，人们为了悼念狄青元帅就在太平街上建筑了一座狄公庙，用来祭拜这位为保卫边疆立下丰功伟绩的大元帅。可惜的是，所谓的"太平"并不太平，历史上的边境一直不得安宁，边疆常常与邻国打仗。当时的朝廷经常顾及不过来，西南少数民族地区成了没人管的野孩子，那是受人欺负不堪回首的历史。所以，每当中国一乱边疆人民就要遭殃。

中国强大安定，边疆就安然无恙。再说到狄公庙，在明末清初因和交趾发生过几场战争，这边疆独一无二的狄公庙，竟然毁于战火之中，就连原址建筑在哪里都无人知晓，只留在民国时出版的《雷平县志》的文字记载里和人们的传说中。

2. 玉泉

雷平镇完小学校的后山，有一口名扬四方的泉水名叫"玉泉"，水质甘甜圆润，自古以来涓涓细流从不枯竭。历史上是太平土司府家族专用的"龙涎水"，派有专人看守，士民百姓不能私下取水，否则要丢性命。可见当年的地方土司的专制与特权，土司就是统治一方的"土皇帝"。

泉眼上"玉泉"二字出自李品仙之手，李品仙可是新桂系的名将，是排在李宗仁、白崇禧、黄绍竑之后的人物。1935年在龙州任职的国民党二级上将李品仙将军（相当于广西边防司令）前来雷平视察工作，在当地县官们的陪同下来到玉泉观光，一时兴起提下苍劲有力的"玉泉"两个大字，地方官员赶紧叫石匠把它刻凿在岩石上，至今仍清晰可见。李品仙寿命很长，在中国台湾活到99岁才寿终正寝。

3. 青龙桥和金钟桥

在雷平镇车站村桥来屯有两座古桥，一座叫青龙桥，另一座叫金钟桥，不知桥来屯的名称是否因此而来。青龙桥位于桥来屯西北面，此座石桥建筑于明代，呈南北走向，双拱等跨，料石结构，中墩逆水面镶筑石刻龙头一个，顺水面镶筑石刻——龙尾。桥高5m宽5m，双拱跨12m，桥面和地面持平，没有石阶踏步，此桥是一处难得的壮乡古迹。青龙桥现保存完好，至今仍然是村民出入的要道。明

图 3-25　青龙桥

末著名的旅行家徐霞客先生经过太平州时曾经从桥上走过，而且还在他的游记中有文字记载。另外一座古桥金钟桥也是在桥来屯西北面，与青龙桥相距 100m。同样南北走向，料石结构，所不同的是它是单拱，桥高 4m、宽 3m，拱跨距 6m（图 3-25）。

1637 年农历十月二十日，徐霞客从金钟桥上走过时也对钟进行了调查了解，他在游记中这样写道：西冈有铜钟一覆路左，其质甚巨，相传重三千余斤，自交南飞至者，土人不知其年，而形式若新出于型，略无风日剥蚀之痕，可异也，但其纽为四川人凿去，土人云：尚有一钟在梁下水涧中，然乱石磊落，窥之不辨。从《徐霞客游记》中我们可以看到，几百年前尽管边陲山重水复，道路曲折，交通极为不便，但也偶有内地马帮商人一路风尘仆仆，出现山间铃响马来的情景。

关于金钟的来历，在民国三十七年（1948 年）出版的《雷平县志》中录有铜钟铭文，为重庆府下琅县崇庆寺所有（越南下琅县），徐霞客听当地人传说从交趾飞来。三千余斤的铜钟，如何能够来到此地？不可能是自己飞来，也不可

能是直升机送来。唯一可能的就是在更早的时候，边境发生战争，战胜后的太平土司，将这一对战利品搬运回来以示军威，同时放在河边作为镇河妖之宝了。至于钟的来历，笔者前不久现场田野调查时，听年长的屯长说了另外一个版本：即当年在金钟桥旁有一座庙，有一对来中国做生意的越南夫妇因结婚多年无法怀孕生子，在此庙求签后不久便有了身孕，并且生下了一对龙凤胎。这对越南夫妇为了感谢与还愿，特地铸造了两口金钟，由越南送到此地此桥旁边，金钟桥由此得名。

桥来屯的两个铜钟，一个钟不知什么原因，在徐霞客来边疆之前，早就已失落在河中乱石堆里不得而见；另一个钟的命运是在 1958 年期间，全国热火朝天的"大跃进"年代被人民公社社员丢进大炼钢铁的熔炉，为增加当地钢铁产量做贡献去了。可以想象：如果两口大铜钟能够保留至今，那又是为美丽的大新壮乡增添一个传统的文化景观。

雷平一带山水环境优美，风景如画，其中"万马归朝"是雷平十景之一。此景是在一片原野中凸现形态各异的石头，犹如万马奔腾的一片石林。每到春夏季节雨水绵绵的丰水期，石林里便是一片湖光山色、碧波荡漾。这个时节便是儿童们的欢乐时光，他们可下去游泳甚至捉鱼而乐在其中。到了秋冬枯水期，则水落石出，石林奇形怪状、千姿百态，人们见之无不称奇——真乃大自然的杰作。然而，最为惋惜的是"万马归朝"的消失变为大新人永远的痛：在 20 世纪 70 年代末，本县发展经济作物大量种植甘蔗，需要就地办个糖厂。决策者为节约土地资源，定下在这片不可种植粮食的荒芜的土地上建造糖厂。据说当时也有不同声音，但是还是无法改变决策。这些现在想起，便是后悔莫及之事了，时至今日大新人才悟出一个道理：宁要绿水青山，不要金山银山。绿水青山，就是金山银山（图 3-26）！

雷平镇处处都是原生态美丽的山水，在镇西北面约 2km 处有个中军潭，这是黑水河流域一处精彩的自然景观。在这里的河域有丛丛石林屹立于碧波之上，滚滚的河水卷起万朵雪白的浪花，上有飞瀑下有涟漪。春天木棉红艳，两岸四处是青翠的竹林、葱绿的龙眼树，景色秀丽。话说当年在这里还发生了一件令人惋惜的事件，在民国时期，雷平

这里美丽的景色吸引了来自广东的留法画家陈宏，为了更好、更多地记录这一片神奇的自然风光，他每天早出晚归、废寝忘食地画画写生，以至于他在流连忘返中因为专注入迷而不幸失足坠落在黑水河里……至今长眠在鲍阳山怀抱中，与他喜爱的这一片雷平自然、迤逦的山水永久地相伴。

图 3-26　雷平黑水河自然景观

第四节　下雷镇

下雷镇之"下雷"这名字听着很吓人，其实这是壮语的译音，大概的意思是：天上的街市。从这个层面上说明这里曾经的繁华与热闹。

历史的曾经繁华现在是不得而知，但是下雷的地下具有丰富的锰矿资源，大新的锰矿资源大部分都蕴藏在下雷这片土地上，占全国锰矿产量的四分之一，而且其锰的含量也是居世界之首，所以下雷是个珍藏稀有金属的宝贵财富的聚宝盆，因此以"中国锰都"之称号饮誉天下。

下雷还珍藏着丰富的壮族历史文化遗产，就是壮族人民一直传颂的民族英雄侬智高的故乡。在侬智高时期，下雷叫做傥犹州（壮语音译"傥犹"，意思是抵挡、居住），侬智高的父亲侬存福在此当州长，侬智高是出生在下雷的壮族人。下雷镇现在还有侬智高父子当年营盘及练兵场的遗址。

下雷最辉煌的时期是在唐朝至北宋初的几百年间，因为是西原州城（也是罗和县城）的所在地，被中原称为"西原蛮"。其管辖范围很大，以下雷为中心，方圆数百里都是它的地盘。自从1010年交趾独立建国之后，下雷成了中国的边防重镇。因为下雷从前归镇安府管辖，所以下雷的风土人情、语言服饰都跟靖西、德保更接近些。

1. 下雷土司衙门

关于下雷土司身世：自从1048年侬智高反抗交趾失败离开去了安德州之后，下雷就一度成了交趾王国侵略和大宋反侵略的战场，一直到1068年侬宗旦父子归顺了朝廷之后。本地《许氏家谱》和历史传说都说是1053年随狄青平南而来的山东青州府益都县白马街的许天全、许天杰两兄弟。此事的真实性还存在很大的疑惑和谜团，广西不少研究历

史的学者都认为是本民族的部落酋长。在广西许多少数民族的头领出于政治考量，为了拉近与当时朝廷的关系而伪造为汉族及名门之后，这是由于地方志缺失或不全的结果所致，也充分体现了文化在历史的记载和传承中的重要作用。

关于下雷土司衙门的选址，最早传说是要筑在下雷土湖的岸屯山脚下，当时建筑用的山石都准备好了。却有风水先生看中下雷青龙山脚下，说此地是凤凰栖居的地方，下雷的青龙山才是虎踞龙盘的宝地，于是土司又决定还是在下雷建衙门。下雷衙门原初建在今天镇政府大楼一带，传说曾经因为一次地震捣毁了建筑，才搬迁到今天下雷中学附近。

那时下雷土司的衙门是当地最豪华的建筑，但因战乱遭遇过几次火灾，最严重的是1856年的那次火灾，一把大火烧毁了全部。据说一些粗大的蚬木一个月之后还在冒烟，当年曾经辉煌的下雷土司衙门，现在已经消失得无处可寻，只能从当地艺人创作的《司由烧衙门》长篇史诗中感受、想象了（图3-27）。

2. 粤东会馆

在下雷的老街里，有一座建筑于清代乾隆年间的老房子，叫粤东会馆，房屋坐东朝西，砖木穿斗结构。粤东会馆，顾名思义就是为广东商人前来边地做生意提供食宿的地方。此房子在现在来看是非常不起眼甚至是简陋的，可这在当年已经是相当于三星级宾馆的水平了，因为长期以来此地非常落后，尤其是交通方面非常不方便。即使是大新县城也直到1953年才开通了汽车交通，到1954年才有了柴油发电机。在下雷，山里人见到汽车也是到1965年的时候了。所以说古代商人到边疆来做生意实在是不容易：一路上的

图3-27　曾经辉煌的下雷土司衙门现在只剩下残缺石碑、基础石墩了

风餐露宿，翻山越岭走的是羊肠小道，货物靠的是肩挑背驮，最省力的运输工具，就是成群结队的马帮。这些马帮一路铃声叮当，可以提神壮胆，铃声的聚多可显示人多势众而不惧怕两、三个的散匪拦路抢劫……

在会馆旁边现在还有块重修会馆的碑记，刻录着会馆的历史情况：原来会馆兴建于三百多年前的乾隆皇帝时期，当时叫做羊城书院，书院里供着商人最尊敬的关公，因为关公是讲信用、肯帮忙、重义气的象征，这都是出门在外的商人最需要的崇拜东西。也说明当年陆续有广东商人前来边关搞贸易、做生意，大家需要一个地方来抱团取暖，互相帮助相互关照。所以，大家一起出钱建造了一个书院，由于捐款数额有限，房子难以造得壮观、漂亮，只能造得是像当地平民住房一样的泥巴草屋。到了乾隆甲午年间茅草泥屋破漏，各位商人又重新捐款修建，房屋建造稍微高大了一些，厅堂也宽敞了一些，关公大帝的圣像也进行了重塑。但是因为书院墙体是用泥砖修砌，还是比较朴素，还谈不上高档。到了嘉庆年间，也就仅仅过了几十年，泥砖墙又塌倒了，仅靠几根木料支撑着。看着破败的样子，商人们又商量解决重新修复问题，这次商家们采纳了建一个会馆的建议，大家继续筹集资金，加上书院原本结余的款子，先用来做放贷生息。这样过了五六年时间，账上的钱的确多了许多，正想着要修理房屋的时候，谁知却碰上了通货膨胀，钱又贬值变得更加不值钱，这房子又暂时重修不了。拖延到了道光二十五、二十六年，老屋柱倒墙塌，风雨飘摇中，只好把关圣和财神爷移到　处狭窄、简陋的茅屋共居。各位商人老板们在这么狭小的地方，却行着严肃的祭拜之礼。再想到前辈好不容易建设起的书院，给后人提供方便，真是心怀愧疚！觉得后辈敬神明、讲义气的心还不如前人，虽说如此但是能够捐资出钱的人寥寥无几，更多的还是无能为力的人，就连路人也在谈论，说这老屋倒了以后就永远都不会再重建了，大家听着只能是无限的焦虑……

书院真正动工改建是在咸丰元年，那一年的皇帝诞辰日，与全国各地一样下雷老百姓载歌载舞隆重庆贺，热闹非凡。大家看到这破烂的书院，都觉得不是个滋味，于是不管是广东商贾还是广西的商旅，还有当地下雷的平民百姓，都愿意尽一份力，钱多的多出钱少的少出。这种广泛的群众参与，充分体现了众人拾柴火焰高的效率，第二年就备好了建筑资金及材料，马上聘请工匠师傅动工。这样又花了两年时间，终于重新建筑起这座粤东会馆。这会馆比起土司衙门的房屋精湛了许多，因为在这里土司有至高无上的地位，土司有严厉的规定：普通老百姓的房子，只能是茅草泥屋，不能盖砖瓦房子。在这里土司的话就是法律，谁也不敢违抗。但从粤东会馆的建筑来看，还是得到不一样的待遇，外来的汉族商人在这边是座上宾，毕竟这里一切的商品便利都是他们带来的。在这里，小到所吃的盐巴、身上所穿的丝绸罗缎，大到这里众多的山珍特产，都需要来来往往的贸易交流才能得到解决，所以这些生活的方方面面还是离不开这些商人的贡献（图 3-28）。

3. 榕亭和观音庙

在下雷还有榕亭和观音庙遗址，位于下雷州北门。这座北门是通往湖润州的必经之处，也是南疆通往靖西、百色、云南方向的必经之处。这北门原本筑有城墙，从小河边的榕亭开始连至青龙山山脚，全长 120 多米。随着历史的变迁，时至今日只有遗存古榕亭的小石山了。

这个榕亭可是一个历史文化景点，它曾经被中国游圣徐霞客载入《粤西游记》中："下雷北隘门第二重上，有从石一园，高五丈，无所附丽，孤悬江湄。叠石累级而上，顶大丈五，平态如台，结亭奉观音大士像于中，下瞰澄流，旁揽攒翠，有南海张运题诗，莆田吴文光作记，字翰俱佳。"可惜，这些能够让徐霞客表述、赞扬过的诗词和书法俱佳的作品却都找不到了（图 3-29）。

图 3-28　下雷现存的粤东会馆建筑

图 3-29　下雷的榕亭（孙舟摄影）

徐霞客到下雷考察边疆非常不容易，原本从安平州出发经硕龙到下雷，只要走一天半时间就可以到达。但那时因为边疆有土司部队和交趾军队交战，同时听说从安平出发沿途有交趾兵抢掠路人，因此只能绕道恩城、松峒、龙英走了四天的崎岖山路才到达下雷。

徐霞客历经千辛万苦好不容易赶到下雷后心情也并非愉快，因为当时下雷的青龙山后面已经被交趾人所侵占，下雷街上赶圩日也有披头散发跣脚的交趾人。本来他是因为惧怕交趾人而舍近求远绕道下雷，结果还是遇到交趾兵，所以心里还是有很大的阴影与不悦。徐霞客本来就很奇怪"交趾"二字的来历，这时看着来赶集的交趾人，当看到他们穿着的木屐用一条皮革的人字带绊住，皮带穿过脚趾缝把脚套在木屐上，于是他好奇地疑问：莫非这就是交趾名称的来历？

徐霞客是个伟大的旅行家，也是一位爱国人士，在他此次边疆旅行考察至大新边境的旅途中，他这样写下雷州胡润土司："交趾的官员来了，招待得非常隆重热情，中国的官员来了却很冷漠。他们是只知交趾而不知有中国。"但是事情也许得从另外一方面看，这些也是下雷州历代土司的苦楚——下雷离中原皇帝太远，离越南太近的缘故吧。但是也正是有了这样的隔壁邻居，迫使下雷州土司的地盘越来越小。比如当时镇安府归顺州（德保、靖西）和田州（田东、田阳一带）的土司们为了争土地而打仗，打不过的一方就用金钱美女贿赂交趾军队前来帮忙。而交趾军队则更狡猾，两边都收好处，却按兵不动坐山观虎斗，最终获收渔翁之利。

徐霞客在下雷期间，寻思着下一程的旅行路线，他想去归顺州（靖西），又怕遇到交趾安南兵，所以不知如何走？在榕亭上的观音庙里许愿，拜观音求签，连抽三签结果都是不吉利的下下签。徐霞客心里闷闷不乐地回到驿站，左

思右想还是不死心，又让一直跟随他的仆人来到榕亭继续抽签，结果还是个不好的糊涂签。于是非常懊恼郁闷的徐霞客只好在日记中写道：不知可免大难否？从他留下的文字来看，当时的观音菩萨还驻足在榕亭的观音庙中。关于观音庙建造的时间，据历史材料与传说是在清康熙二十五年（1686年）三月，来自广东的商人谭国祯做生意发了财，出资在下雷州北门河边建筑起的。如此算起，已经有330多年的历史了。很有意思的是这北门的庙是二层的建筑，北帝住一楼，观音居楼上，两个神仙和谐相处，共同接受信众的朝拜（图3-30、图3-31）。

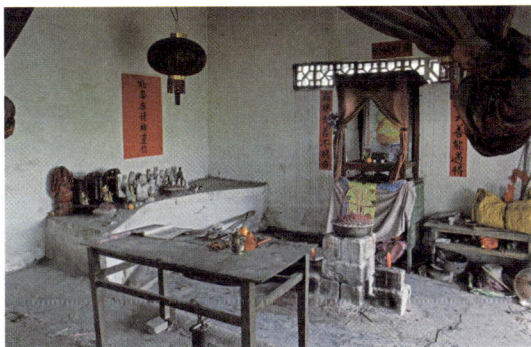
图3-30 北帝庙

图3-31 观音庙

抗日战争时期，下雷虽然没有被日本侵犯，但对面的越南还是被日本侵略了，在中越边境上中国军队和日本军队打过一仗。1942年秋有两架日本飞机轰炸下雷，结果被山顶上的中国军队用高射机枪射击，其中一架被击伤的日本飞机掉落在三湖的岸屯山上，当场摔死两个日本飞行员。那场战争中，经过持续的拉锯战，双方都付出了很大的代价。抗日战争胜利后在下雷榕亭处树立起一块"抗日战争阵亡将士碑"，碑上铭刻着参加抗战阵亡将士的名单，他们是为国捐躯的下雷子弟，是壮族也是中华民族永远的英雄儿女！所以下雷自古以来一直就是边防重镇，守护着南国边境之门，对中华民族守土卫国作出了巨大贡献。

4. 青龙山长城遗址

下雷有一处"长城遗址"，位于下雷中学背后的青龙山上。所谓的长城遗址其实就是建于宋代起防御作用的垣墙，是当年傥犹州州长侬存福为防御交趾的侵略，发动民众不辞辛劳建筑起来的。我国著名地理学家、旅游家徐霞客先生于崇祯十年（1637年）十月到下雷进行考察时，在其所著的《徐霞客游记》中有关于该垣墙的记载：

"下雷州治在大溪西岸，即安平西江之上流，所云逻水也。其源发于归顺西北，自胡润寨而来，经州治南流而下。州南三十里，州北三十里，皆与高平接界。州治西大山外，向亦本州地，为莫彝所踞已十余年；西之南界者，今止一山（州衙即倚之），其外皆莫境矣。州宅东向，后倚大山即与莫彝为界者。垒乱石为州垣，甚低。州治前民居被焚，今方结庐，（缺）内间有以瓦覆者。其地南连安平，北抵胡润寨，东为龙英，西界交趾。"

别小看青龙山这么一座小小的山峰，这上下一趟也是一个白天的工夫。前几年，有个专家组上山考察侬智高长城遗址时，早上八点从镇中学出发，直到下午五点才下山脚。

这山里古树参天、老藤密布，行进数米便难见人影。据他们的考察报告：该垣墙今还有遗存，长约几百米，宽2m多，乱石垒成。在这山顶上绝对是原生态的景观，四周风景如画，美不胜收。

5. 古州基

下雷的古州基的位置今叫巴达屯。巴达，在壮语中是层层叠叠的石头的意思。石头叠起来干什么用？就是古代的城墙，位处现在下雷镇郊中信锰矿生活区和巴达屯之间，而今是一片甘蔗地，面积约有数百亩。里面有一条小溪，这弯弯的低洼地就是当时的月池。

这是南疆一片历史相当悠久的地方——它是唐朝史上就有记载的西原州侬峒地。北宋时的范成大有书这样写："旧有四道侬氏，谓安平、武勒、七源、思琅皆侬姓。"他写的正是这一带——以侬峒地西原州州城下雷为中心的现在的中越两国边境地区。下雷，壮语的意思是：天上的街市，所以下雷是当时最热闹、繁华的地方。

西原州城就建筑在古州基上。古州基在唐朝之前即有，到北宋时期遭捣毁，这期间起码有几百年之久。西原州为什么会改名为傥犹州？是因为交趾独立后，不断蚕食鲸吞广源州（今越南高平），广源州和西原州一样，都是侬家酋长领导的地盘。侬智高的父亲侬存福当年是傥犹州州长，侬存福将西原州改名傥犹州，就是壮语"抵挡、居住"的意思。1025年侬智高在这里出生。1028年侬存福一度做着邕州节度使，因种种原因朝廷贬了侬存福的官，侬存福只好回到下雷故乡，他又不肯投降交趾国，就在这里成立"长其国"。所以，这里就曾经做过十年左右的小"首都"。到了1039年春季，交趾李朝国王亲自出马，率兵攻陷了这个小"首都"，俘虏了侬存福和其长子等人，并且一把火烧了傥犹州，从此傥犹州只留下破败的城墙遗址（图3-32）。

图 3-32 当年侥犹州所在地（孙舟摄影）

恩城现在是大新县的一个不太大的乡，但是正如前面提到的它的自然景观非常丰富并具特色，人文景观也是很有特点而耐人寻味。

恩城的历史非常悠久，从唐代到五代十国到宋初，均属于西原州管的侬峒地（今下雷），是少数民族地区羁縻州。大州管小州，西原州又从属于邕州都督府。那个时候的恩城归太平寨管辖。元代属于太平路（今崇左），明朝属于太平府。后来的清代还发生了家族的伦乱事件而受到整治：清雍正十一年（1733 年）恩城土司赵康祚强奸堂妹，叔叔前往指责，他竟然恼羞成怒而杀了叔叔，进而引发了家族上告案件，因此遭到整改后把恩城归崇善县管辖，称为崇善县恩城分县，仍然归太平府管辖。直到 1907 年才就近划归养利县管，成为养利县恩城分县。正因为这些反复，恩城的历史文献资料记载有了许多缺失。

恩城是个小土司州，疆域不大，州境东西长 30 里，南北宽 50 里。东北东南才移举于今恩城街，衙门建在今恩城乡卫生院前，现遗存的翠山是当年土司的后花园。根据历史的史料及当地变迁分析，其实这里的土司应当还是当时当地的少数民族的部落首领。根据历史学家考证，侬智高失败之后，宋代的史书上提到说左右江流域内有五十多个酋长，至于后来演变成二十几个土司州，那是各部落互相兼并的结果。

这里是古西原州的侬峒地，是侬姓部落的领地，但是自从大宋朝廷平定了侬智高后，要斩草除根，侬姓便不能存在了。所以，民间千年来都是这样传说的：只要改侬为农，或者干脆改姓皇帝的赵姓便平安无事了。由此可见，大新的八家土司没有一家姓侬，也就事出有因，是有道理的。至于为什么八大土司府，甚至还有广西其他地方的少数民族头领、土司，都要传说是汉族人的后代呢？那恐怕是为了维

图 3-33　恩城乡的岜字山石刻（孙舟摄影）

护统治地位的需要，给自己安一个汉人的祖籍而抬高家族的荣耀，好世世代代做官做老爷，这似乎已经是大家心知肚明的现象了。

恩城的土司在桂西中越边界的二十多家土司州中，有一个很突出的典型，那就是他们特别喜欢文化，重视后代教育。所以他们的后代子弟，都是要送到太平府或者是邕州去读书的。当时从这里到邕州山高水长、路途遥远，至少要走一个星期才能够到达，尽管这样他们也是在所不惜。当然他们是贵族子弟，都是由农奴役夫抬轿过去的。

恩城土州统治的地盘不大，人口自然不会过万。但是历代土司们非常重视文化的打造，在岜字山（意思是"有文字的山"）、聚仙岩和今新圩村南面 200m 的岜仰山南面山脚石洞中刻录了许多诗文。正是因为他们家族重视文化，所以在元朝时，即从土司赵斗清开始一代代接力相传，历代土司和文人墨客，在整座山上或石刻，或墨迹手书，数百年来留下了大量的宝贵诗词文章，这里的碑文石刻数量起码有上百件之多。可惜的是由于年代久远，受到日晒、雨淋、风刷的侵蚀，大多数的文字已经模糊不清、难以辨认

图 3-34 手印模（孙舟摄影）

图 3-35 脚印模（孙舟摄影）

了。更别出心裁的创意是，土司赵福惠竟然在岜字山上阴刻了自己的一只手掌模印，还有一只据说是他最喜欢的小老婆的脚板模印，而今成了宝贵的文物遗迹（图 3-33～图 3-35）。

恩城土司喜欢中国传统文化，直至他们遭到改土归流，但遗风仍在持续影响着后人。在大清末年那些外来任职的汉人官员，仍然在恩城衙门旁（距现乡政府约 300m）的翠山上留有石刻诗文题词。山上留下了郡守查克檀的《小灵珑》隶书题字，旁边还有墨痴子所题的《山也清闲》石刻文章。翠山上最宝贵的，则是同样来自北京的太平府知府查礼的一首诗词。查礼是大清有名的大诗人，在太平府当官时期，留下不少边塞诗词。他比查克檀要早几年在太平当官，只因是家中长辈没了才回北京"丁忧（回家守孝）"去了。

第六节　宝圩乡

宝圩乡位于大新西南部，周边乡镇有雷平镇、堪圩乡、硕龙镇，还与龙州县的金龙镇、逐卜乡毗邻并与越南接壤，宝圩乡是大新县的边境乡镇之一。乡政府所驻地是宝圩街，当地民风淳朴，境内山清水秀，自然景观优美。动植物资源丰富，在板六村的自然山林中生长有珍稀植物——金花茶，金花茶是国家一级保护植物，被称为"植物界大熊猫""茶族皇后"。宝圩乡除了壮族所有的传统民俗节日外，农历二月十九还是宝圩本地特有的节日，传说这一天是观音的诞生日，民众自发举行盛大的侬峒节、抬观音游街、舞狮，地方政府还组织各类群众活动，如斗鸡、篮球比赛、女子拔河赛等。宝圩乡的板价屯民俗风情浓郁，又具有自己特色，在语言、服饰、饮食、习俗等方面仍保留着壮族古部落的明显特征，是桂西南区域传统民族文化形态保存得较完整的板块，最有代表性的应该是短衣壮。古朴的壮族人民长期生活在板价村板价屯，根据地理环境气候和劳作而演化出了"短衣壮"的形式，近几年北京、上海、广东、港澳台和日本的学者民俗专家、新闻工作者、游客纷纷前来调研考察和观光（图3-36、图3-37）。

宝圩乡地处边境，具有深厚的历史传承渊源，同时还是革命老区，1929年邓小平在宝圩的革命战斗岁月，于碧云洞成立共产党党组织，在宝圩街组织群众闹革命。所以，在宝圩街、板价屯等都留有邓小平同志和红八军战士的足迹。在历史文化方面离不开晚清广西戍边人物苏元春，1885年苏元春协同抗法老将冯子才在凭祥取得了驰名中外的镇南关大捷，随后苏元春被任命为广西巡抚提督，到任后苏元春马上在广西中越边防沿线修筑千里军事防御工事，即被称为"南国小长城"的连城，这个工事是在古代的关隘遗址上修建起来的。此工事长城从防城的北仑河口起一直到那坡县的各达山，全长九百多公里。在这蜿蜒近千公里喀斯特地貌的边境线上，苏元春修建了大大小小的炮台、关隘、城堡130多座，并且购置安装了二十多门德国生产的Krupp（克虏伯）大炮，构成了广西与越南边境完整的军事防御体系。同时，为了满足军事运动、军需运输的需求，修筑了近千公里的边防大道，当然这也大大地方便了边贸物资流通及边民出入的交通需求，从而也是起到了稳定军民戍边的作用。20世纪30年代，在龙州的红八军就是通过这条大道开赴靖西的。这条边防大道经过龙州的金龙，再到宝圩、堪圩，往硕龙、靖西。宝圩和堪圩之间有一石板桥，是当年邓小平和红八军第一纵队从宝圩开往靖西经

图3-36　优美生态的宝圩自然环境

图3-37　短衣坎肩、绣花头巾、百褶裙

图 3-38 红军桥

过的一座桥，当地群众称之为"红军桥"。

石板桥位于堪圩乡的谨汤村，这谨汤石桥是 1889 年苏元春戍边时所建，至今已有近 130 年的历史。其是在大新县境内保存得较为完好的古老的石桥之一，同时又是重要的历史文物，是受保护的古建筑。谨汤石桥结构简单而有效，但建造艺术令人称奇。在我国，无论是单拱的石桥，还是多拱的石桥，绝大多数的石桥均为拱桥，这是因为拱形的石桥可以减轻桥面对桥身的压力，使桥更加牢固，而谨汤的石桥则为平面桥。全桥长约 35m，宽约 2m，桥面由三块宽度为 50cm，厚约 20cm 的青石板铺砌，每块石头约重 200 斤。整座石桥为 10 孔，共有 11 个石桥墩支撑，桥墩全用石头堆砌而成，每个桥墩形状一样，分为三层，底层与最上面一层为长方形，中间一层为五边形，朝着西面方向即迎水那头为尖形，如船头形状，起到迎水、分水作用。中间最大的两个石墩之间相隔距离略大，其余桥墩距离基本一样。整座桥用的石料都是就地取材，石块在砌成过程中无一处用水泥粘连。而且每年谨汤河暴发的大洪水使许多石坝和木桥都被冲毁，但谨汤石桥巍然屹立、安然无恙，

桥身基本保持完好。经历一百多年车辆人马在其身上自由来往地"碾压"，从未出现过破损的痕迹，谨汤石桥的牢固堪称一个奇迹。

谨汤石桥自从修建以来，除了是重要的交通要道之外，在民国时期又赋予了红色色彩使其增添了重要的历史意义。1930 年 3 月邓小平亲自指挥红八军第一纵队离开龙州经过雷平宝圩前往靖西，消灭盘踞靖西的叛军，打通与右江地区的通道，途经的就是谨汤石桥，这座石桥因其身上曾经留下了红军及伟人的足迹而显得更加古朴壮观、气势雄伟，令人崇敬，因而当地人赞称其为"红军桥"。

红军桥环境优美迷人：在风和日丽的春天，红军桥河流两岸杨柳依依、鲜花怒放，让人浮想联翩；在骄阳照耀的夏日，红军桥被两岸上碧绿的甘蔗、稻苗点缀得分外迷人；在凉风习习的秋日，红军桥掩映在金黄的稻穗中，成为一道亮丽的风景线；在阵阵冷风寒意的冬日，红军桥在河面凛然屹立，那巍峨的姿势令人涌起无限的敬意（图 3-38）。

第七节　万承县

在大新县境内的东面，有龙门、福隆、昌明和五山四个乡镇，属于当年的万承县。这几个乡镇山高水低，景色秀丽，具有丰富的原生态景观。这一带山势奇形怪状，可抽象可具象，看什么像什么。当年万承州的地盘不止这几个乡镇，还包括今天隆安县境内的屏山、刘家、布泉以及龙虎山等地方，都是当年万承州土司统治的地盘。改土归流时成了万承县。中华人民共和国成立后将养利县、雷平县、万承县三县合并成立大新县，把屏山、刘家、布泉几个乡镇划归了隆安县。在中华人民共和国成立初期当时福隆、昌明、龙门三个乡镇经济、交通欠发达，被戏称为大新的"东山（三）省"地区，而五山乡，则被称为大新的"西藏"，可见其偏僻与落后，所以这几个乡镇成了贫穷落后的代名词。

万承县有个美丽的布龙泉（现属隆安县），布龙泉确实奇特：从村边一座大山底下突然冒出一股很大的泉源，这可不是一般的大，几乎相当于一条小河的流量，当地人筑起水坝形成一个面积不小的湖泊。然后泉水顺坝奔泻成为卷起千堆雪的飞瀑轰鸣而下，欢腾的河水流过两旁的秀竹丛林，一路流出十数里，泉水蜿蜒曲折流到更望湖。而这个湖是个季节湖，冬秋春季只有小河潺潺，原来的湖床绿草遍地，牛羊成群，除了四周群山，便是一派草原风光。然而到了春末夏至雨天水多，则成一个浩荡的大湖，湖光山色、碧波荡漾。但雨季一过这烟波浩渺的湖水，竟不知从何消失，只留下一弯小溪……所以当地人说：布龙泉，来无影，去无踪。其实这就是典型的喀斯特地貌特征：地下河网密布所致（图3-39）。

从布龙泉往大新县城方向就是福隆乡地界，这地名好听又吉祥——有福隆起的地方。福隆乡政府不在通往县城的二级公路边上，而是在一条公路支线内，据说当年修建这条二级路时，认为建二级路通过福隆乡政府要浪费很多良田，就不同意从福隆街道过，现今看来当时的决策还是明智的。

一直以来福隆街是当地最热闹的集镇，每逢赶圩日人来人往挤满街头，一派生机景象，如果主要公路从乡政府街道中间穿过，来往的汽车危及行人生命安全，再说汽车通行速度会慢很多。福隆乡附近的庙山上还有古代留下的洞葬悬棺。这是明清之前本地少数民族的风俗：长辈去世了就如同升天了，埋葬得越高越会保佑后代兴旺发达。福隆乡的一山一水有着自然生态的景观，随着时代的发展，埋藏在深山里福隆乡的面纱，慢慢被揭开，露出了美丽的面容，愿福隆的未来会变得更有福气、更兴隆。

再往前是昌明乡，昌明，名字好听，繁荣昌盛，风清气明。其实这里山高林密、地瘠民贫，村民一向过的是苦难的日子。大家都知道广西有个大明山，大明山的"弟弟"小明山就在这一带。这里是南宁和崇左两市的交界处，也是隆安、江州和大新三县区的交界处，山峰连绵起伏，地广人稀，海拔最高处近千米。

这里的交通，自古以来都是非常艰难。直到20世纪六七十年代还没有通汽车甚至拖拉机，那时山民要杀一头猪还得十多个人对付：八个壮汉起个大早轮流抬杠着活猪，小心翼翼行走在羊肠小道、悬崖峭壁间，其他几个体力弱小点的男女们，挑着满竹筒的稀粥紧跟其后，辛辛苦苦抬到乡圩集市宰杀了再抬回家，大家吃一餐，亲朋好友送一点，其余的做成腊肉保存，如此一头猪肉能够吃大半年……

此地确实由于偏僻而少见多怪，说个真实的笑话：20世纪70年代山寨通了机耕路后，拖拉机进村了，男女老少都围过来看稀奇。一个老农民围着拖拉机看了半天，手指排气管认真地说：难怪这家伙力气大，原来是个公的！

离昌明街最远的村落有个岜米屯，过去村干部到乡政府开会，早上九点的会，他们半夜十二点钟就要打着火把、电筒出门，翻山越岭，要赶七八个钟头才能到达。再早些年没有公路的时候，到县城开四级干部会，要提早两天出门才行。直到今天县里领导进来调研、检查工作，吉普车得开三个多钟头，这个时间从大新到南宁都可以打个来回了，这样的偏僻艰苦程度可想而知。

万承县还有一段红色的历史，据记载大清宣统年间，昌明街上有个何姓大户人家，联合农民告发万承的土司许荣，此土司是最凶残而臭名昭著的，伍姓人家因为告发行为致使爷爷和父亲遇害。何家到20世纪二三十年代，其后代又出了几个杰出人物，最能干的叫何以奎和何焜，是一对堂兄弟。本家叔叔何绍贞，保定讲武堂毕业，当过桂林陆军小学教官，新桂系的李宗仁等一批高官都是他的学生。堂兄弟俩在桂林、南宁读书求学，也是李明瑞、俞作柏、俞作豫的学生和下级。他们和共产党人雷经天、陈可福、陈可夫、严敏等都是同学好友，和邓小平也认识、有交往。1928年，在万承县举镰刀斧头党旗搞农民协会办农民自卫军，将这块地区闹成一片红色。1929年邓小平发动百色、龙州起义，何氏兄弟在万承遥相呼应，积极配合。1930年4、5月份国民党大军开赴养利城准备镇压，这国民党的旅长是堂兄弟俩的叔叔何绍贞的学生，经叔叔担保使得万承免了一场浩劫。同年6、7月份红七军在百色失利后白色势力恐怖，堂兄弟俩接应三个女红军——李杏锦（李杏锦是袁任远的爱人，袁是红七军政治部主任，后来最高职务是中纪委副书记、中顾委委员）、邓仲琴（陈可福的爱人，陈

图3-39　稻花飘香风景如画的龙门乡

可福时任红七军参谋处长)、陈佩珩(陈可福、陈可夫的小妹,中华人民共和国成立后授衔开国少将,出任东海舰队司令)回昌明,准备送往香港,这时候邓仲琴已怀孕,并在昌明生下女儿阿萍。

女红军们一时出不去,在万承县(现龙门)政府工作,何家俩兄弟一个是县长,一个是县自卫队大队长。但是在1931年的除夕,何以奎前来接女红军回昌明过年,却遭反动势力暗杀,一起遇难的还有女红军李杏锦。另外两个女红军和那个小女婴,后来被地下党送往香港。小女孩阿萍在中华人民共和国成立后由其父亲接到北京读书,张云逸大将保送读大学,毕业后分配在武汉工作。昌明人一直很遗憾:要是这对英雄兄弟能够健在,应该是我党的高级领导人吧!

万承的历史相当悠久,在秦始皇时代这里是象郡地盘。在唐朝时它有了建州的记载,名叫万形州,又叫万涯州,归邕州都督府管辖。不过这些文字,在边地的史书中,都是语焉其详一笔带过。因此,从秦皇汉武到唐宗宋祖千百年来的部落首领是谁?出过什么人物?发生过什么重大事件?难以说得清楚,不像内地的历史那么清晰。比方说:宋朝的历史书中,说万承州产银矿,但这银矿到底在哪里?后代谁也没见过。倒是在五山乡地盘上有个历史悠久的铅锌矿,据说在清代时还有法国人过来开采,然后不辞劳苦用马帮运输到越南去。是否这就是宋代人说的银矿?至今无从考究不得而知。

这里在历史上也发生过几次大事件,北宋统治时期(1010年)交趾独立成国了,侬智高的阿爸侬存福就是侬峒地的首领,在傥犹州(下雷)当州长,他们的祖辈乃是广源州(今越南高平一带)世袭大酋长,1040年交趾人将侬存福杀害。少年侬智高在母亲和父老乡亲的帮助下,在老家下雷

组织起人马继续抵抗交趾侵略。直到八年后的1048年之后,才失败退走靖西安德州。万形州在侬智高时代也是跟着侬智高反抗侵略,但侬智高失败之后这片土地还是遭到侵略者的蹂躏。而到了狄青从中原率大军过来平定南方时,就连高平(顺州)都回归祖国了,这万形州自然就收复无疑了。

这就是历史上万承州的开端。

万承州的土司的司州和大新境内八大土司来历一样,按照那些明清后的记载,都说是1053年设立,都说自己的家族来自山东省青州府益都县白马街,又都说祖宗随狄青而来,如何作战勇敢,立功受奖……20世纪50年代,北京的一位专家来边地考察调研,在他的采风记录中有一个版本:据说狄青收复了失地即要班师回朝,将他的二十四个轿夫留下,问他们有何要求?他们回答说:要当大大的官。狄青听成了"要当代代的官。"于是封他们做了世袭的土司官。这应该是历史上口口相传的故事了罢。

在大新本地历史书中,记载了万承世袭土司们的来历概况:

第一任土司名叫许班,官拜万户侯。原籍山东省青州府益都县白马巷,宋皇祐五年,因随狄青南下征讨侬智高有功,被封为万承州知州。世袭三十代。万承是寓万世继承之意,但那族谱明显是后人编撰,出入与漏洞太多,不足为信。这其实有两种可能性:第一,确实是山东来的南下干部;第二,有可能本来就是当地的部落酋长,因认清形势而归顺朝廷,由此继续当了地方领导。

万承这个地方稍微远离边防线,和下雷、安平的土司们相比,日子显得平淡得多。也许山高林多进出不便,所以思想观念来不及与时俱进:有一土特产因为与皇帝有关而名扬天下。即明朝时代,吃惯山珍海味的皇帝及家人,饭后

最喜欢来杯茶，消解肚中油腻。苦丁茶，苦中含甘，是消解肚中油腻的上品。苦丁茶乃是只出在万承的土特产，万承土司年年向皇帝进贡的贡品，应该说这是一个无上的荣光、自豪之事！但是好东西人人都窥伺之，皇宫人多，高官吃客知道的多了，贡品就贡（供）不应求了。因嫌数量不够，皇帝一再向他们催促产量要进加，时间要赶紧，并不顾千里万里的路途艰辛，从北京派出钦差大臣坐镇太平府中，等待送往北京。可当年这个傻瓜土司，既不站在政治高度看问题，也不从经济角度看问题，更不从文化角度看问题……冥思苦想了几天，出了一个馊主意，让奴才背上几棵枯死的茶树，赶到太平府中，告诉钦差大臣：年头大旱，茶树都枯死了。钦差大臣只好空手回京。从此苦丁茶的贡品也取消了，这万承苦丁茶名声也随之销声匿迹了（图3-40）。

万承所谓的三十代土司，出名的没几个，就连这个无知者无畏的土司，也查找不到他到底是谁。倒是进了清朝，第二十代土司许嘉镇，出了一个弟弟名叫许嘉铨，奉命率土司保安部队西征云南、东抗倭寇。因指挥有方、战果辉煌，当过台湾省、福建省总兵等官职。真个是：不是土司，胜过土司。

万承的历代土司中倒数第三个的土司叫许荣，恶霸一方，当地百姓说他："地见许荣，草木不生；人见许荣，九死一生。"可见其是何等的霸道，而老百姓又是如何的怕他。

万世继承难度的确太大，据说从1053年到1906年他们共传递了三十任土司。这个世世代代传了八九百年的土皇帝，对一个家族来说，真是了不起！

然而，万承土司绵绵世袭千载，消失却是在不经意间，事情是简单又好笑：在1906年的某一天万承末代土司许建藩到太平府晋见知府，就是那么一点时间他却忍耐不住鸦片烟瘾发作，当堂发出呼噜声，恼得州知府当场发怒下令将他拖出衙门，免除官职，废除土司。

从那事情之后，万承州开始改土归流，变成汉堂流官的万承县，县政府衙门就是原先的土司衙门。进入新中国的新时期就变成了龙门乡，原来管辖的一些地区如布泉、屏山等乡镇就近划给了隆安县，其他的就成了独立的乡镇，如福隆、昌明、五山等均为乡的建制（图3-41、图3-42）。

图3-40　龙门苦丁茶老树（孙舟摄影）

图 3-42　万承县土司衙门石狮子（孙舟摄影）

图 3-41　万承县土司建筑遗址（孙舟摄影）

第四章

传统民俗文化景观

大新县地处广西西南边陲，具有丰富的沿边地域民族文化景观，除了众多的民俗风情、侬峒文化还有历史悠久的土司文化景观。因此，大新县于 2017 年成功申报并被授予了"中国侬峒文化之乡"和"中国土司文化之乡"的称号。大新县作为侬峒文化的重要传承地，具有群众认同度高、互动性强、生态环境配套完善等特点和优势。侬峒节也是大新县黑衣壮特有的民间传统节日，是当地壮民纯朴意愿的表达；有祭祀天神、祈盼上苍来年赐福、寻求风调雨顺等民俗文化内涵。大新土司文化历史悠久，有自己独特的传承形态，独树一帜。目前，共有古遗址、古墓葬、古建筑、古摩崖石刻、近现代史迹及代表性建筑等不可移动文物 160 多个点，其中土司衙门遗址、土司寺庙遗址、土司墓葬遗址之多为全国之最。

第一节 历史遗址概况

大新县历史悠久，以养利古城为代表的历史遗存遍布全境，文化资源丰富，据1984年以来普查，目前在全县境内发现的历史文化遗产资源，共有古遗址、古墓葬、古建筑、古摩崖石刻、近现代史迹及代表性建筑等10多个种类。这些文化遗产有：榄圩正隆的第三纪上新世及更新世早期巨猿化石出土岩洞；歌寿岩新石器时代古人类生活遗址；昌明交岭战国古墓葬；恩城花山秦汉崖壁画；桃城大塘东汉冷水型铜鼓出土遗址；宋代壮族首领侬智高安兵城；恩城岜字山文明土司摩崖石刻；那岭宋至清代古人辟乱遗址龙宫岩；明代全茗画岩摩崖造像；桃城养利古城；清代硕龙靖边城炮台等160多处（图4-1）。

养利古城堡文化遗址是最具代表性的建筑，据旧县志记载，养利古城始建于明朝弘治十四年（1501年），为养利州知州罗爵所建，初为土城。万历十一年（1583年）知州叶朝荣将土城改建为石城。清乾隆三十二年（1767年）知州麻永平率众进行全面重修。重修后的古城内外墙全部用料石砌置，中间填土夯实，面铺青砖，设筑墙垛，并设置大小炮台五座。另外，在城墙之中，按方位修建东、南、西、北四座城楼，并开有东、南、西、两小西五个城门，在两小西门之间的城墙之下，依地势开有名"水洞"的拱门即水闸门一个，以供城内两个小泉池洪涝时泄洪之用。今保存较好的有养利古城南门楼、东门楼、西门楼及古城北楼基址及城墙。传说当时的养利古城气势雄伟，形态壮观。从附近的山上向城中远眺，堪与明代靖江王所建的桂林王城媲美。目前，保存较完好

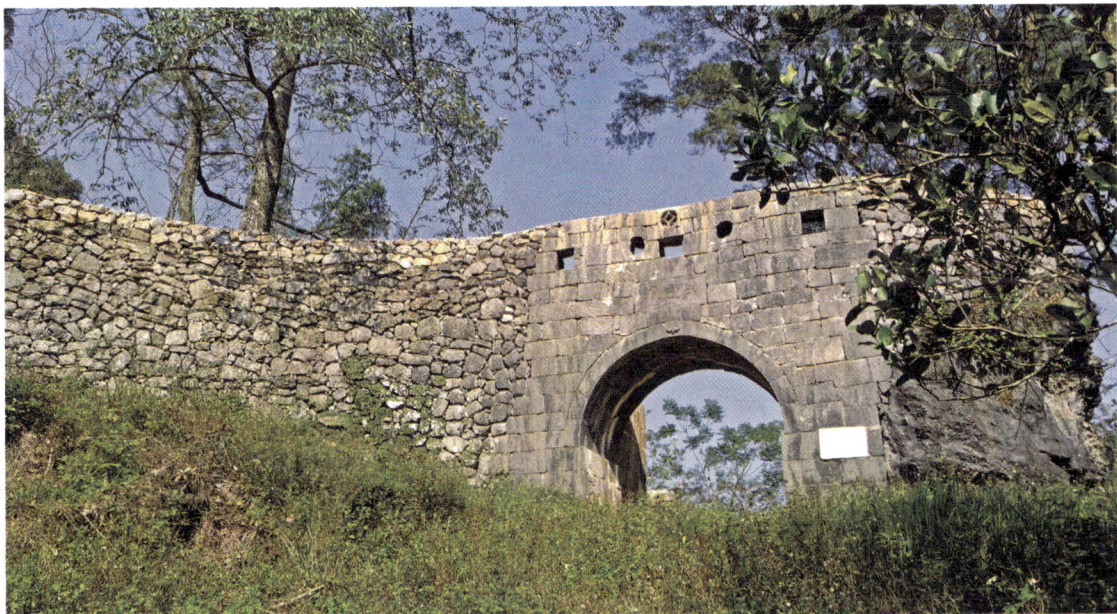

图4-1 硕龙靖边城堡

的养利州的三座古城门楼，虽然还是雄姿屹立而气势磅礴，但没了城墙的支持，那曾经的辉煌只能怀古幽思了。在雷平镇，末代太平州土司李珌花费数十年苦心孤诣建造的李府，可是桂西南地区最豪华的土司府。但是现在除了镇政府附近留下的粮仓的旧房，其余似乎已荡然无存。倒是镇政府大院里一对石狮子还在继续尽职，其雕刻工艺堪称一绝！最为遗憾的是狄青庙，它是桂西南地区独一无二的一座庙宇，竟然不知建于何年？不知毁于何月？干脆利落到就连遗址在何处都考证不出，只是在《雷平县志》中见到几行文字而已（图 4-2）。

万承州土司衙门当年所在之地是现在的龙门乡政府，院内地上各种石雕实物不少，但大都是残缺遗物，完整的不多，一座炮台倒是仍然耸立。

恩城的土司是赵家世袭土司，这赵家土司有一定的文化修养，可以说在当年落后边陲中是文化素质最高的土司家族了。在这弹丸般的恩城岛上，土司们的生活虽然腐朽没落，最后落了个奸妹杀叔的罪孽而被革职，但那些独具匠心留下的手掌印、脚掌印雕刻细致，指节纹理至今清晰，却是千古不朽的艺术品。还有岜字山上的众多诗词歌赋，写得优美迷人。寿山上的石刻寿字，证明一是出过长寿者，二是祈望人间长寿。小灵珑和安平州的会仙岩内，中国古代游圣徐霞客留在边疆的墨宝，更在这里的边地土司遗址上永世长存。

在这些土司衙门中最让人惋惜的是下雷州土司府，据传建筑时是富丽堂皇的，然而到晚清时被土民造反的烈火烧得灰飞烟灭。下雷历史上在唐朝时就是当年最繁荣的西原州城所在地，西原州侬峒地就是广西西南边陲壮族先民的发祥地，其管辖范围横贯今天的崇左、百色两个地区加上越南北方一片广袤的土地，其地域范围随着不同的时代有着

或多或少，或大或小的变化。所以，今人要研究侬峒地的历史、文化、民俗自然是离不下雷了。

安平土司衙门是现在大新县境内的原有八个土司（下雷、太平、安平、万承、养利、恩城、全茗、茗盈）的突出代表，它的分布密集，存在时期长久，改进流程缓慢。可以说是整个壮族土司的缩影，集多样性、典型性于一体，构成了广西壮族土司制度历史上一个突出的地域特点。

十多年前到安平村采风时，就有"抬头见风景，低头见文物"的感受，土司府中当年的各种旧物随地可见，但现在已经少了很多，或许是被一些有心人收藏起来了。尤为可惜的是安平小学门口的一对精雕细刻的小巧石狮子，原是安平

图 4-2　太平州府时的石狮

土司府中实物，随着安平旅游的兴起，被人窃走一只，现在只剩下孤独的一只，无奈被迫藏进了校园内。原安平土司办公的场所遗址占地面积很大，旁边还有一个四五百平方米的花园。但现在仅存的一部分土司衙门遗迹约 150m²，土司衙门正门上方挂有"安平州衙"匾牌，门口保留有一个雕花石凳，周边还有部分类似十二生肖的石碑、石狮。这些遗迹对研究拥有千年历史的沿边安平土司文化有很高的价值，这也是安平土司文化旅游的延伸，可作为旅游度假区安平土司文化体现的重要标志（图 4-3、图 4-4）。

图 4-4　城隍庙神殿遗址

图 4-3　安平土司城隍庙建筑

第二节　沿边壮族土司文化

什么叫做土司呢？壮族土司，实质上是世袭的封建领主，他们既是政治上的最高统治者又是当地的大头领，掌握着军、政、财等权力，还可以任意对农奴"生杀予夺"。就像是小地盘上的"土皇帝"一样。土司有一套严密的统治机构，治理辖境的政治、经济、文化及诉讼、刑罚等。政治上依靠封建王朝册封世袭，划疆分治，军事上实行土兵制度，以种官田、服兵役的方式，把农奴组织成土官武装，维持土官统治和供王朝征调；经济上土司又是辖境土地最高所有者，实行劳役地租、实物地租等经济剥削；文化教育方面则不准土民读书和参加科举考试。

现在中国的一代年轻人大多只知道"吐司"面包，而不知道当年封建统治的"土司"衙府，可以从对土司的研究中了解当地的政治、经济和文化的状况及发展史。同时也是很好的旅游资源，土司是一种特殊的现象势必引起人们的好奇，促进当地的旅游发展。中越边境的大新县境内有古代八大土司州，地处边地的土司是具有深厚的历史和地域文化特色的少数民族地区的统治现象，除了养利、恩城两州最早在明、清时被改土归流，其他六家都是一直继承到百十年前的清末民初才实行流官管理。学界普遍认为：土司现象主要发端于两宋之交，形成于元朝。这一说法，与左右江流域土司制度的形成相吻合——按照北宋时代有关侬智高起义的记载，左右江流域共有溪峒（部落）酋长五六十个，侬智高失败之后才渐渐演变成为二十多个土司州府。关于土司制度的形成，与边地的少数民族地区的统领有关，因为这些酋长统领少数民族地区有着极大的号召力，他们既可以安抚当地的民族又可以戍边卫国，所以中央皇朝认可边疆少数民族地区的土司制度，可谓一举多得。这说法有它的依据，因为汉、唐之前，边疆地区是更为松散的羁縻州，五代十国中原自顾不暇，只有在北宋才开始关注正式实行改革，宋朝廷才不得不采取有效措施制衡遥远的边地，由两宋至元朝土司州制度才演化成熟。

大新县境内的八大土司，根据当地历史文献资料都说是狄青平南后设立。从 1053 年到大清末年万承州更是拖延至1927 年才改土归流，几乎绵长千年。据说原本六个土州，元末明初从李家太平州中分出安平州，另有全茗李家土司分出茗盈州来，这样成了八大土司州。千百年来，虽说因为交趾入侵、内部战乱，土司州址也有移来移去的变化，造成今日多个同名的旧州屯名，但现存各州城均有近千年到数百年历史无疑。非常惋惜的是关于土司的文字记载过少，唯有部分遗址尚存。但是又经历了近代、现代的破坏，能够保存至今的已经不多，这也就愈加显出其珍贵性了。

1. 八大土司家族

大新的土司文化可以说是独树一帜，体现在其丰富性与多样性，所以在 2017 年大新获得了"中国土司之乡"称号。土司文化是由土司制度及其教育制度、土地制度、建筑文化、饮食文化及社会文化等组成的一种文化。大新属地的土司自从北宋皇帝派出狄青元帅率领大军平南之后，继续延续汉唐"以夷制夷"的羁縻州制，采取以少数民族部落酋长为首的土司统治制度，在中央皇朝的旗帜下，只要不造反便任由他们子孙世袭为官，世世代代管辖各自的领地。自北宋时期在现今大新境内设有养利、万承、太平、下雷、茗盈、恩城等六个土司，元末至明初以后，中央政权为了进一步对这一地区加强管理，又在面积较大的太平土州和茗盈土州分别增设了安平土州和全茗土州，以使土司达到了八个之多，这在广西各县是少有的历史文化现象。

大新县境内的八大土司家族经历、传承了几十代土司，几乎统治了漫长的千年之久。这些边地的土司们为了能够长期地继承、沿袭地方统治权，每当中原皇帝改朝换代，等到当朝皇帝天下平定、坐稳江山后土司们表示归顺臣服就行了，这里的土司和新的上级换颗新官印即可继续其土司的权位了（图 4-5）。

在土司统辖境内还可自行任命官职，其职务有总理、家政、舍把、旗长、亲将、总爷、峒长、寨长等。这些职务一般都由土司家族成员担任。在土司制度下，土司属下的百姓就是农奴，他们没有土地，世世代代除为土司提供繁重的无偿劳役和当土兵外，还要向土司缴纳或进贡各种实物，这种封建农奴制就是土司制度的经济基础。尤其是土司强征滥取，一大家族的婚丧嫁娶、衣食住行、吃喝玩乐全都是农奴承担。一直到大清末年，仍有土司死后还要农奴陪葬的事情发生。太平州老土司婆，因为小丫头伺候得好，晚年得病将死，竟然吩咐儿子：这个丫头我要带走。结果活生生的小姑娘，就作为陪葬品牺牲了……所以，这个地方的少数民族的老百姓，过的是相当艰难困苦、惨无人道的生活。

在过去封建社会的统治者为了维护其统治地位，自然有其残酷、令人发指的制度和手段，但是按照事物具有两面性、一分为二的观点，另一方面还是有值得肯定的地方：在西南边陲的土司最大的功劳就是世代负责为国家固守边疆。比如下雷州、安平州土司为了保家卫国，历史上都是和邻国侵略进行过长期的争斗与战役。所以，土司在守土卫国的这些方面对国家是有贡献的。土司制度的存在，是当时封建社会生产力发展水平下的历史产物，对于维系少数民族地区与中央政权之间的关系，维护中央集权、国家的统一和少数民族的稳定与团结具有一定的积极作用。

2. 太平土司府

太平的土司衙门，最初并不是在今雷平镇的太平后街。它前身不是一般的小土州，级别相当于今天的崇左市政府，周边的土州都得听他家号令。当时的太平州衙府设在现崇左的驮卢。在元末明初因时局动荡使其势力削弱，因此官印也被今宁明一带的黄姓土司抢走，失印就是失权，也就指挥不动其他的土司，李国補、李国祐两兄弟只好灰溜溜回到祖宗地雷平。那时候安平已让交趾侵占了，两兄弟回老家，李国祐带着依峒地的土兵，依靠自己的力量经历了千辛万苦，最终驱逐侵略者，夺回祖宗地。在确定太平州府之后又分封出安平州来，所以这两地州府都是他们李姓本家兄弟掌控。

太平（以及安平）李氏土司家族统治这片小天地将近千年，直到"中华民国"诞生的 1912 年才实行改土归流。什么叫改土归流？就是由中央政府下令免除少数民族地区土司家族的世袭职权，改革为上级政府任命的汉人流官来治理。流官虽然也是封建社会的官员，但用现代的话来讲相对比土司要讲人道人权，一般不会无缘无故残害无罪土民，同时促进了政治、经济、文化、教育、人才交流等方面的发展，地方社会的进步，这对老百姓是有好处的。因为世袭土司各霸一方，画地为牢，土民的生死都由他们一句话说了算。甚至残忍到在他的地盘上的女孩子要结婚了，都得先送到土司府中，这新娘的初夜权都得由土司来占有，新郎不能

图 4-5　在安平土司后花园遗址看大新八大土司分布图

享用初夜权。边疆的小土皇帝太多，不利于国家政令执行，京都朝廷的大皇帝可不高兴。但永远免去世世代代拥有的权力，谁家能够心甘情愿？因此，阻力重重。"改土归流"这条从明代中晚期就想推广的好政策，一直在艰难曲折中推行，甚至到中华人民共和国成立后的 1950 年代初，云南、西藏、四川、青海等地区仍然还有土司存在。

3. 养利州的"改土归流"

养利是大新历史上八大世袭土州之一，它又是八个土州历史上最早实行"改土归流"的一个，因此说养利的州民是幸运的。那么所谓的"改土归流"是怎么样的呢？就是针对原来各地的土司都是"爷传子、子传孙，子子孙孙永不断"的家族世袭制，现在要废除这种世袭统治的土司制度，由上级任命改派流动官员来担任知州职务。关于养利土司改流问题，《大新县志》中有记载："养利州于宣德七年（1432年）改土归流。"《明史》及《太平府志》记载说："养利赵氏，明洪武初，土官赵日泰归附，授知州职，以次传袭，宣德年间稍侵其邻境，肆杀掠奇。万历三年（1505 年）讨平之，改为流官。"因此，知道边境这样的官员，开始由内地考取功名的有文化的汉人前来担任。养利州的第一任汉族知州名叫李政，是个江西人。他们的到来带来了先进的思想、先进的文化、先进的生产技术等，这无疑就会带动起当地社会的经济、文化的发展，人与人之间平等相处，社会形成积极和开化风气，使得百姓更好地安居乐业。所以说养利的州民是幸运的，最早享受了改土归流带来的好处（图 4-6）。

但是改土归流在实施过程中并不是那么容易展开，因为此举措触动了土司的根本利益，所以土司家族不会甘心失去曾经世袭的天堂。而远道而来的汉官人生地不熟，两眼一抹黑如同瞎子，因为语言、行为习惯等各种因素他们也难

以依靠贫苦群众，而地方强悍势力又想尽办法驱逐官府……所以这是一场复辟与反复辟的斗争。在经历了漫长的血雨腥风的百年岁月，最后才能尘埃落定，落实了"改土归流"的任命地方官员的政策。

养利州在 1577 年就实施了开明的文化教育举措，即在边疆最早开设了"儒学正堂"，即让平民子弟上学读书的学堂，并由学校负责报送学生到左州府（今崇左市）进行秀才考试。而在其他的七个土司州，一是农奴的子弟不可能读书，二是土司等贵族子弟，只有送到左州、邕州去培养读书。这些贵族子弟虽然在本地是作威作福的"小皇帝"，但是进了城市汉人的学校读书，却常常被当做不开化的"野蛮人"来对待，也要受到其他同学的污辱、欺负。

正是开设了学校学堂，所以古代的养利州培养出很多地方和国家人才。在明朝时还出了两个令人骄傲的瞩目人物：一个是宰相叶向高，另一个是状元罗洪先。叶向高、罗洪先这两人的童年时代跟着当官的父亲在边陲养利州城受过早期的学堂教育，儿童时期是在养利州城度过的，这也算是养利州的一个骄傲吧。

图 4-6　《改土归流》（黄超成油画作品）

图 4-7 万寿金桥（八万桥）至今还在发挥作用

宰相叶向高是福建福州福清人，由进士到翰林至相位官运亨通。在万历、天启年间，两度出任内阁首辅大臣，是一个名副其实的三朝元老、一品宰相。在任期间大败倭寇、驱赶荷兰入侵者，粉碎了其霸占台湾的图谋。罗洪先是江西吉安吉水人，明代嘉靖八年考中状元。但是他性格秉直，看不惯朝廷的腐败，当官时因联名上书，得罪皇帝而被撤职。因此他归隐山林，最终成了一个堪称与开辟了近代地图学的荷兰人墨卜托同时代的东方最伟大的地图学家。除了地图学外，罗洪先在文学方面也有很高的造诣，在太原晋祠圣母殿右侧的走廊里有一方十分著名的碑——"悬笔碑"，此碑乃罗洪先作的诗并亲自书写的草书，这块碑是晋祠的一宝，这块碑的诗与书法在《晋祠铭》上受到了很高的赞誉。

4. 土司建筑遗址文化

建筑文化是壮族土司文化遗存中保存得较为完好的一类，包括衙署建筑、土司住居、社庙建筑、桥梁等，其中以各地保存下来的土司衙署为建筑文化的代表。土司衙署是土官为代行封建王朝中央政府管理地方的职权而建立的集办公议事、生活起居、休闲娱乐为一体的宅邸，它是汉族文化与当地少数民族文化融合的结晶。

作为壮族土司建筑形态文化景观，其特点是：建筑艺术和风格高超，土司衙署既体现了中原汉族建筑特色，又具有浓郁的壮族建筑风格；既有古典宫廷建筑的威严恢宏气势，又有普通地方民居的特色。目前，在广西壮区和云南文山州壮区保存得完好的有忻城莫氏土司衙署建筑群、西林县岑氏古建筑群、大新养利土司古城衙门、云南富宁沈土司衙署旧址、广南侬氏土司衙署、阿用土司衙署等。其中，忻城莫氏土司衙署建筑群和广南侬氏土司衙署，是中国壮族土司衙署建筑规模最大、权力较为集中、管辖范围最宽、世袭时间最长的土司府，并分别被列为国家级和省级文物保护单位。特别是广西忻城莫氏土司衙署，是目前我国规模最大、保存最完整的土司建筑群之一。1963 年被确定为省级文物保护单位，1996 年被确定为全国重点文物保护单位。土司衙署集历史、文化、建筑于一体，被誉为"壮乡故宫"。衙署主体建筑群由大门、正堂、二堂、后苑形成纵路，两侧由兵房、监狱、东苑、西苑、厢房相衬，附属建筑有莫氏祠堂、三界庙、代理土司官邸、参军第、大夫第、练兵场、土司官塘等。深幽的殿堂、精制的屋脊翘角、镂空的花窗、精美的浮雕图案都具有浓郁的壮族特色，其建筑气势宏大、格调典雅，具有古典宫廷建筑的特点。这些保存完好的壮族土司衙署建筑群，不仅是壮族土司建筑文化的杰出代表、研究我国土司典章制度的重要例证，而且也是壮区重要的土司文化旅游资源，是后人了解壮区土司文化的重要文物。广西壮区和云南文山壮区的其他土司衙署遗址，也都是土司建筑文物和文化旅游资源的重要组成部分。

养利古城：大新至今遗存的明清养利古城的古迹有不多的几处：桃城古城楼（东门、南门、西门、北城楼台基）、宋至清代龙宫洞避难处、清代万寿金桥（八万桥）、明代上对观音洞、清乾隆利江石拱桥（即鸳鸯桥）等。

养利古城除了三大城门楼和北城楼台基等古迹，古城中还有一些值得考察、品味、感悟的地方。如西门城楼可做观景台，近观西门岛景色及"利水流清"；亦可极目远眺"养山叠翠、金印奇峰"之美景。城楼上还有一个不知道存在多少年的神台，但凡大小节日附近的居民都来这里举行供奉仪式。此神台看遍了古城的沉浮起落，时至今日仍安然守护着这片土地。虽然西门城楼不算高大，却是那样的古朴沉稳，岁月在它身上留下了印记，沧桑的古城墙就像一个长者细细诉说那段过往的岁月。老树绿叶半掩下的古城城楼虽然淹没了高大的现代建筑与喧嚣的人流之中，逝去的时间却赋予了城墙无限的生命力，古城和老树一起见证了这片土地的兴衰起伏。这些古建筑留给我们的不仅是古时的人文地理知识，还有那历史沧桑以及先人们在那个艰苦卓绝的时代面对困境执着奋斗的精神。土司制度是中原封建王朝对少数民族所施行的一种特殊的政治制度和民族政策。它渊源于唐、宋时代，确立于元代，完善于明代，衰落于清代，消亡于民国时期。期间经历了一千多年的历史，对少数民族地方社会历史的发展产生过重要的影响。壮族是中国人口最多的少数民族，现在的壮族聚居区也是历代封建王朝推行土司制度的主要区域之一，主要分布于广西、云南及广东。壮族土司制度治下的桂滇壮族地区积淀了许多以壮族文化特色为主的土司文化遗产，对当代具有重要

的历史、文化、艺术、旅游等学术研究、旅游经济开发等价值（图4-7、图4-8）。

太平州府：太平州的衙门最初建设在今旧州屯，"旧州屯"现在只是成了个地名，当年社会动乱，不得太平，在明末清初遭交趾军队攻伐烧毁。此后才迁移到刨阳山下不远的地方，这可不是那代土司轻易草率的决定，而是经过多少风水师辛苦的脚步丈量：只见背后那座连绵不断、笔直挺立的刨阳山，那道细水长流的玉泉水，还有今天仍然能够隐隐约约看出来的七星望月（七个天然大池塘，在今电影院至雷平完小之间），更绝妙的还有个真龙庙，在完小后左边数百米的山上，外人根本看不到山谷中还能隐藏着一座真龙寺。可惜的是不知为什么现代的信徒们将它改迁到山下了，山上才是它的原址，那里才是一个真正藏龙卧虎的风水宝地！有兴趣的游客可以前往一睹风采。两边是刀削斧砍的高崖峭壁，中间夹一较平坦的山谷，有沃土有泉源，当然最美是三月桃花盛开的季节。李家土司在此地建筑真龙庙，自有他们意味深长的含意（图4-9）。

图4-8　曾经辉煌的养利古城

图 4-9　雷平观音庙

太平州衙门在世局跌宕动乱中几起几落，到了晚清民国初的末代土司李珌手中，又开始重创辉煌。李珌花费几十年时间来建造衙门，有文史记载，建筑 5000m² 以上。雷平完小后面，至今还有他家的跑马场，这还不算是建筑物。李家那么多的房屋，后来因为被分家，还有一些被儿子们吸大烟出卖换了烟土，有些中华人民共和国成立后被政府没收，剩下的被拆迁改建，至今已所剩无几了。

远方来到南方边地的客人，不妨到雷平针对性地考察、观赏。在雷平镇政府门口，可见到一对据说是元朝时期的石狮子，一公一母的狮子雕琢工艺精湛，虽经岁月沧桑却还透出威风凛凛之气。在镇政府大楼后面还有一些当年的旧粮仓、旧石鼓、石碑、石雕和石器等文物。睹物遥想，发古思今，不禁感慨万千……

关帝庙和狄公庙：关帝庙建于清道光二十八年（1848 年），坐西朝东，砖木穿斗结构，硬山顶，前后两殿，前殿面阔三间，进深三间；后殿面阔三间，进深四间。面积 505m²。因年久失修有的地方破损严重，于 2016 年已经基本修缮。

中华民族自古以来就是敬重神明的，而少数民族地区尤为

崇敬，人民起来造反可以反皇帝，杀土司，但谁敢得罪关公圣帝？还求求神灵来保佑平安呢，所以这个关帝庙虽然经历那么多战乱，仍然能够得以保存了下来（图 4-10）。

但是，令人遗憾的是在雷平镇上历史上还有一座狄公庙，现在已经没有踪影。更为可惜的是连遗址在哪个地方，竟然也无从考究，没有人说得清楚。

狄公庙，纪念的是北宋名将狄青。狄青元帅于 1053 年正月前来广西平定起义的侬智高。侬智高就是壮族的部落首领，1025 年出生在大新下雷。要说清这个问题，还是要说起历史：唐朝时这里叫西原州侬峒地，与南边的广源州（高平）都是侬姓部落，州城在今天的下雷镇。到了北宋时期，几任皇帝都把主要精力放在抗击北方游牧民族的侵犯，南边的交趾州（今越南河内一带）就乘机公然闹起了独立，于 1010 年独立成国。小国家要想变大，自然只有侵吞周围土地，交趾国渐渐将北宋的广源州蚕食鲸吞了。而北宋却对南部边疆无暇顾及、不闻不问。1028 年侬智高的父亲侬存福还是邕州（南宁）节度使，可是朝廷出于种种原因又很快就不让他干了，侬存福只好在今天的下雷（后改名傥犹州），也成立了一个小国，和交趾对着干

了十年，至 1039 年春遭交趾国王杀害。两年后，侬智高在母亲的帮助下，当上了少帅反抗交趾侵略，他拼死拼活和交趾打了十多年的仗，却一直得不到大宋的支持。在雷平、安平这一带，当时叫濒峒、婆峒（波州），都是侬存福、侬智高的势力范围，宋代历史书上都说他经常在雷火濒婆四峒活动。但后来他打不过交趾军撤退到靖西安德州去了。侬智高在安德州曾多次请求回归朝廷，但是一直没有得到承认，他在内外交困之时愤然高举起义的旗帜起兵反宋，一路打到南宁并乘胜打到了广州……后来朝廷派狄青将军前来镇压，侬智高打不过狄青，失败后逃到云南大理国。

狄青来到边疆，可以说不但从交趾手中解放了雷火濒婆地区，还解放了高平地区（广源州），狄青将军为边境的安定立下了汗马功劳，而雷平（太平州）人民也没有忘记这段历史，后来当闻知狄青仙逝时就在太平州城建筑了一座狄公庙，纪念狄青收复边疆的功绩。但是边境地区从来是难以持久安宁之地，经常要发生战争。这雄伟壮观的狄公庙，竟然不知什么年代、什么原因，在太平州城消失了，甚至连建筑在何处都找不到遗址了，这只是记载在当年《雷平县志》中的历史事实。

5. 崖岩洞葬

对于岩洞葬，大新县壮族群众有这样一句古谚："报答父母恩，功到见人心。"意思是说谁能把棺材吊到最高最高的岩洞去葬，就是对父母最孝敬，大概古时的岩洞葬就是由此而来的。在福隆乡政府附近有座庙山，山腰悬崖峭壁中有一山洞，洞中还保存有古人的崖棺洞葬。当地人传说：古人将祖先埋葬得越高，灵魂离天越近，越能保佑子孙后代兴旺发达。

这些棺材，其实是当地的壮民的祖辈，在没有盛行土葬之前的对先人处理丧事的方法。到了 1959 年小街上的人民公社干部想到要破除迷信，组织了几个年轻民兵爬上悬崖峭壁的洞穴中，看到了数十口棺材，有大胆者就近将靠近洞口的棺材丢下山脚烧了。碰巧的是干了这件事后，有进洞的民兵家属接二连三地发生死人的情况。人们都说是惊了鬼神，从此再也无人敢攀岩进洞。直到 1986 和 1989 年才由县博物馆专家入内考察，发现有双鸟形圆棺材、船形棺材 62 副。最珍贵的是船形棺材，在广西可是首次发现。

下面是几处有关崖岩洞葬的传说故事。

巴横崖洞葬：位于全茗镇屯周村古光屯前，一座 300m 高的"岜璜山"上有个岩洞，洞口朝西，距地面约 150m，山脚草木丛生山上古树阴森，攀着山藤可爬上岩洞。岩口宽 1.5m，高 2m，洞内宽 3m，高 2.5m，深 10m 左右。洞口距岩口 1m 处，用石头垒起 1m 高，上面安放着两副棺材。棺身长 2.1m，棺径 0.5cm，太阳可以晒到，但雨水淋不着，看那棺底已有些腐朽。一副棺内是一男骨骸，另

图 4-10　太平街上的关帝庙

一副棺内是一女骨骸，女棺中还有一束长 40cm 的头发，棺材两旁分别摆着 8 只小陶杯，色暗黑，还有 8 枚清康熙铜钱。关于棺材的来历当地群众有一传说：他们是两夫妇，男的叫"王左远"（壮语是前后调位的，即左远王）。夫妇俩爱好钓鱼，山前河边桥头有块马鞍形大石，就是他们钓鱼坐凹的。百姓新婚，左远王要享受初夜权，百姓对他十分憎恨。一天百姓邀他到泓应河，诱他潜入河水中去抓鱼，接着使用 12 张渔网罩下去。可是他在水中撕破渔网，把渔网推上水面。岸上的百姓又用鱼叉把他戳死在水中。左远王被百姓弄死后，他的老婆也气死了，不久这岩洞里便发现这两副棺材，主人就是左远王夫妇。

独山崖洞葬：位于振兴乡共和村辉屯前有座独山岩，其内安放着 10 副棺材，棺内骨骸完整。当地群众流传：明末清初，兵匪肆虐，村民为了避难，把粮食、财物都搬上岩内。兵匪来村抢劫时，住在岩洞里的百姓，以弓矢戈矛石等为武器与兵匪相打。兵匪白天屡攻不下，在黑夜用 200 多担稻草由山脚堆到岩口纵火焚烧。几十个百姓被熏死在岩洞内。劫后，亲戚们备了 10 副棺材上岩收殓，其余用草席卷着放。天长日久，岩洞内只余下这 10 副棺材。

敛山崖洞葬：五山乡文应村樟屯后面有座敛山，高约 300m，近山顶有两个岩洞，其中一个叫仙岩，岩口向南偏西，距地面约 200m。正面山势陡峭，无路可上，从左侧攀藤附葛可到岩洞。洞宽 7m，高 5m，深 14m。据群众说以前在岩内有许多棺材，距岩口约 2m 远，阳光可晒到，雨水淋不着。1950 年冬，群众上岩洞躲土匪，把许多棺木烧来烤火，个别群众拿棺木回家当喂猪槽用。棺内除骨骸外没有发现其他东西。小学教师林文台于 1980 年 6 月 6 日，带学生上岩，还见有 166 块棺材板。有些棺木尚坚实，有的已腐朽。当地群众流传是仙人的棺材，自己飞来的，所以叫这岩洞为"仙岩"。

这里的山寨保留着许多古老的习俗，在上甲的习俗中有一种奇特的舞狮送葬仪式，所舞的狮子与喜庆时的装饰不同，整个狮子都是白色装饰，像是"披麻戴孝"。上甲人的葬礼非常隆重，死者要换上新的民族服饰，双手合掌于胸前，掌中插三根鸡毛，作为死者归阴的通行证。入棺前要给死者喂饭菜，守灵的家属和族人都要穿上白色的孝服，还要举行繁杂的送葬仪式，以尽孝道。

第三节　养利州十景

养利的自然景观的命名及流传与当时的州府官员、文人有着密切的关系：因为边地土司州官员的世袭以及或贪赃枉法或无作为等弊病，朝廷就实行了"改土归流"的地方官员制度。养利州是从明朝宣德七年（1432 年）开始实施改土归流，即改为汉人流官管理，所以养利的州官都是来自内地的文化人。可以想象当年的历史现象：内地的各个级别的官位被候补的官员们排着长队，伸长脖子眼巴巴盼望着那些在位官员犯罪免职或者死了爹娘回家守孝，好腾出位置让自己走马上任。但只有属于边区的广西的官场仍然有许多位置空缺着，因为路途遥远、环境恶劣，加上传说中谈之色变的瘴气等，许多人都怕苦怕累到边境来当官，除了吃苦还有丢了性命之虞。

当然也有民间谚语道：千里迢迢为过年，千里当官为张口。为了生活不管有多艰苦，总还是有官吏愿意到边疆地区来当官。实际上他们的想法还是有失偏颇、不够全面的地方，其实从另一方面来说少数民族地区的官员还是好当的。例如，清代鼎鼎大名的历史学家、诗人赵翼，就曾经两次合计三年多时间，来到边远的镇安府（今百色市德保县城）做府太爷，也管着下雷州。他对自己为官的感受在书中就有如下表述：边地的民风实在太好了，平民百姓都非常淳朴听话，江南与之比较有如千里之别：见到村长就如见到大官，一般的官司都在下面解决了。我在衙门几年，才碰到几件诉讼，过日子轻松惬意，真想就在这里一辈子算了！

作为与镇安府不远的养利州，赵翼也慕名而来考察，一进入养利的地界，完全被美丽的山水景观所吸引，以至于诗兴大发，兴致勃勃地写下了《于役养利》四首诗，至今我们从中还能感受到壮乡山寨早春时节美丽的田园风光。此刊二首一睹风采：

> 东风骀荡雨丝斜，细马蹄刚没草芽。
> 一路鹧鸪啼不断，山山红发木棉花。

赵翼是江南人，江南一带五月才插秧。而养利这里气候温暖，二月已经开始种田插秧了。赵翼看着眼前的此情此景，不由有感而发：

> 养利坡前足稻田，秧针刺水绿芊绵。
> 不知二月春犹浅，已似江南五月天。

这里的边境随着时代的变迁而不断地进步，尤其是"改土归流"的实施，使得内地的汉人流官前来治理边陲，他们带来了新的思想：改革司法，开办学校，传播文化，培养人才，为发展边疆、巩固边疆作出了贡献。比起原来土司统治下的制度，的确要文明和进步了很多。从明朝到清代，不少的官员、文人骚客们工作之余，沉浸、享受在这片迤逦的生态景观中，在陶醉、感慨南疆的奇山秀水时，自然会舞文弄墨、赋诗作词。因此，他们对养利的一山一水十分熟悉，大加颂扬，并且针对养利州的自然景观梳理出了十大风景名胜。

1. 养山叠翠

在养利桃城西边通往黑水河的那岭旧州屯方向，这一线的三十多里行程中，沿途层峦叠嶂，风景秀丽，山峰交错变幻无穷，相传有九十九峰。天晴气朗之日，远眺近望相连的秀峰，或如翠绿的屏障或如情侣依偎或如兄弟结伴出行；独立的山峦，或高昂挺立或仰望远方或斟酒自娱（齐公醉酒）。雨天则云缠雾绕，迷迷蒙蒙，如幻如梦，真乃人间仙境，赏心悦目，美不胜收（图4-11）。

清代两位诗人对此景大加赞赏，一是本地才子赵天益题诗云：

> 一望嵯峨入碧端，青青秀色雾云盘。
> 障边十里浑无缺，更孕精灵作大观。

图 4-11 养山叠翠

另一位是秀才高修邦作的诗：

养蓄灵地萃荣荣，山明水秀艳重重。

叠峨阵连九有九，翠荟锦绣满地红。

2. 利水流清

蜿蜒秀丽的利江，亦称桃城河，是流经养利州的主要河流。利汀发源于天等县龙茗镇的苗村，经龙桥村流入大新县的全茗乡龙轻屯然后至挑城镇。在桃城镇的南面与龙门河汇合，再经万礼村侬沙屯、恩城乡新圩村格强屯注入黑水河，全长 64km，流经 47 个村屯。

利江两岸处处是美景，在西门岛河段堪称精华处，此处利江流至西门城楼下开始分叉，而形成一个岛屿。岛上树木茂密，鸟语花香，河边奇石异凸，并且形成天然洞穴，被小顽童们誉为"花果山，水帘洞"，成为他们平时休闲玩耍的天堂。西面的河道相对狭窄，还有天然形成的步汀，行人可以通过步汀往来于岛上。利江之水一年四季水量没有明显变化，除了几年一次少有的山洪暴发，河水漫涨至岸边 2～3m 处。平时均为缓流而平静，河水清冽甘甜，沿江百姓祖祖辈辈都是饮用此水。在西门城楼南边有一口泉，

汩汩涌出，水源清澈，四季不断。而在利江河水中会有一群群的青竹鱼、木碌鱼等野生的河鱼。如此宁静惬意的利江是养利州古代十景之一，被称为：利水流清（图 4-12）。

对于"利水流清"景色历史上很多文人给予赞誉，清朝的本地秀才赵天益题诗云：

萦洄条带欲朝宗，远历诸峦百粤通。

莫道秋来空贮月，桃花春浪起蛟龙。

还有高修邦题诗：

利城奇泉住城西，水溢盈盈民所依。

流声潺潺昼夜逝，清碧粼粼彻晶宇。

3. 散花仙岭

在桃城镇西北方向 10 里的地方，即大新华侨农场二分场驻地附近的坡岭，在未被开发之前有上千亩荒山岭坡，连绵起伏，绿茵遍地，水草丰美，平时是牧童放牧牛羊的好去处，也是青年男女谈情说爱、对唱山歌的好乐园。最为

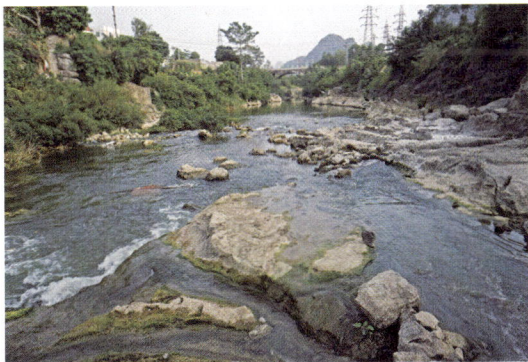

图 4-12 利水清流

精彩的是每年阳春三月，各种各样的鲜花盛开，一簇簇的层层叠叠汇聚成满山遍野的香雪海。古人惊叹这美丽的景色，传说是天仙散花才形成此景，便称之为：散花仙岭。

四五十岁年纪的人们都懂得：在20世纪70年代末，曾经发生的一场自卫还击战争。起因是对面的兄弟国家，在中国人民长期的帮助下，艰苦地打赢了统一祖国的战争，然而却忘恩负义地采取排华行径，驱赶二十多万华侨回中国。许多华侨难民身无分文、一贫如洗地逃难回国，就在那个时候很多华侨难民就地安置在边疆开荒种地。因此，这一片"散花仙岭"著名景点，就这样成了华侨农场的一部分，再也没有了当年的景象。

如今，我们只有从古人留下的诗文中，去感受和想象当年的美艳了。清朝秀才赵天益的诗写道：

> 仙人归去杳无期，最恨当年莫知识。
> 花散尽埋幽径里，至今空见草离离。

清朝秀才高修邦题诗：

> 散撒芬芳罩山野，花琪纷坠"盆贡豆"（土话地名）。
> 仙郎利女弄巧技，岭尽琳琅目弗日。

通过以上诗句，完全可以想象这里长期以来是一派百花齐放、争奇斗艳，漫山遍野欣欣向荣之景象。

4. 呼水奇泉

在养利城向西三里的宝贤村"叫劳"（壮语）屯境内，村屯旁边有一座高耸的青山，山下长着青翠茂密的丛竹。在竹林树木旁有一口从石缝隙中流出的岩泉，这眼泉有着很奇特的地方，当人们挑桶取水或近处大声呼喊，即小溪涧般涌出泉水，顷刻之间又会流量变少。也就是说这泉水是用

声音呼唤其出水的，"呼水奇泉"由此得名，堪称一绝也。

然而，此景现在已经不复存在，如今只有石阶砌围的一个干涸的大水潭，可以看得出原有小溪涧的模样。据说直到2000年前后，村民还能在泉眼处呼喊叫泉出水，在水潭里游泳洗澡……近十多年来随着附近过度开山，炸炮采石，使得如此一口神秘的宝泉竟然消失湮灭了，非常令人惋惜和遗憾。

历史上也是有不少文人留下了有关呼水泉的诗句，明代崇祯年间在养利当推官（相当于现在的公安局长）的袁杰留下的题诗是：

> 云山泉外有，可怪是兹泉。
> 人呼出井边，涌来无德色。
> 消去复渊然，别有真源在。

清代秀才高修邦题诗：

> 呼咒玄妙动波臣，水洞涌流倾地陈。
> 奇灵巧堪绝环宇，泉遂喷出俄□亭。

这些诗句也都道出了此泉的绝妙的情景。

5. 观音峭壁

在养利城东三里的上对屯旁边的一座大山上有个观音岩，因而此山得名观音山，岩洞离地十余丈，环境清幽，洞内平阔，可坐百余人。庙内设两进两殿，前殿挂有名人、高僧题词、楹联。石壁上立菩提大士像，楚楚动人，两眼向前凝视，仿佛正在向人说法，肃穆又有亲切之感，塑望祷之有灵。传说此庙当初位于隔壁八里以外的榜屯的宝镜山西边的岩洞，古庙始建于明朝，庙内外均用木材建造，并且像通常的庙宇一样有雕梁画栋的装饰，庙宇显得肃穆大方。庙里神殿摆放莲花神台供奉观音大士，此观音大士不

是泥塑、铜铸，而是岩石浑然天成，显得慈眉善目、活灵活现，真乃大自然的馈赠。后来因村民把山上的树都砍光了，干扰了观音的安静之缘。忽然有个夜晚一声天崩地裂的巨响，天亮后村民发现庙里慈祥的观音不见了，已经飞到了上对村的岩洞里。人们便又在这里建庙，祈求观音菩萨保佑大家安康。但是在"文革"其间庙宇受到破坏，观音石像也遭挥斧凿毁。尽管如此善男信女不减，四时八节鲜果、香烛不断，每逢初一、十五庙门若市，香客济济、烟火旺盛，真是"云腾烟飞山亦动，庙中跪拜一望中"，有万历二十一年养利知县袁必登题诗云：

> 头头皆是道，乐处更为天。
> 岁去松常老，春来花自妍。
> 卧云堪笑傲，对月可谈傲。
> 悟得东林倡，虎溪亦婉然。

6. 弄月镜台

在养利城东南方向五里的榜屯，背后有座大山，山上顶着一轮巨孔，犹如一面天镜，在县城极目远眺如同八月十五圆圆的满月显得特别醒目，令人心旷神怡而惊叹大自然的鬼斧神工，让人赞叹不已……山脚下还有一块数丈之高的巨石，上平下圆，传说每年只有在农历八月十五晚上明月当空时，月光才可以照射到这块石头上，其余时间均照不到。山上，一洞穿山，两头通明，圆圆如月。山下，一块硕大石台，光洁如镜，镜月相映，波光闪烁，幻景生辉，这就是"镜台山"得名的来由。镜台名山位于榜屯村边，明代曾列为养利州十大美景之一，并命名为"弄月镜台"胜景。清康熙流官张琴为弄月镜台景区赋诗一首：

> 宝镜何年掷碧波，砌成一片石巍峨。
> 不教美女施红粉，惟许高人待素娥。
> 两水合围烟渺渺，万山遥映树婆娑。
> 疑是嫦娥开宝镜，分明玉女梳妆台。

通过这首诗歌传达的意境，我们可以想象那里自然天成的优美环境：榜屯素来山清水秀，巍峨的镜台山镇西路，壮观的南山屏南边，围合成天然的气场。两山若即若离又如泣如诉，相互搀扶又各在一方，甚是惹人喜爱。这里流传着一个美丽的传说：远古时榜屯的自然环境风光逶迤，景物万千，竹木掩映，翠绿若盖，烟岚缕缕，溢彩幽辉。周边芳草萋萋、山花簇簇，整个山色美轮美奂，胜似仙境。一位美丽仙姑云游到此，惊叹人间竟有此盛景而留恋不返。继而在山上撒播种子，果树生长成林，棵棵开花结果满山芬芳飘香。本地山民们也常来摘吃鲜果，仙姑也很高兴，与山民的关系融洽。不久被另一路号称"山大王"的神汉发现了。这个来之不善的神汉野心遂起，要将果园占为己有，还想娶仙姑为妻，多次遣媒均被拒绝。山大王恼羞成怒，竟下歹心要杀害仙姑。一天仙姑在石台上梳妆，山大王在山下拉弓搭箭对着仙姑射去，可仙姑早已划了一道天符防护。所以，这一箭射到对面山的石壁上，射穿了一个天洞，这就是镜台山上那个洞的来历。

传说归传说，其实这是大自然鬼斧神工的杰作，是馈赠给大新人民的厚礼。清代秀才高修邦也有题诗云：

> 弄通翠峰玄女弄，月明穿洞满地月。
> 镜前日娥戏宝镜，台娘仙午馥溢台。

这些美景加美文，给后世留下了丰厚的自然生态义化景观宝藏。

7. 悬崖仙杖

在大新县城往雷平方向约五里转弯处，左边有一座孤立山峰，此山悬崖面高数丈，峭绝壁立，无人可攀，只见山腰之上横出一杖，仰望清晰可见。

关于此景的传说有多个版本，较为有趣的当属与八仙有关的段子：当年吕洞宾和铁拐李结伴南行，一路上吕洞宾看到美女便魂不守舍，而铁拐李总是要做点坏事扫他的兴。话说两人到了养利州的这山下，吕洞宾一见壮族美女就走不动路了，就化成英俊的"勒貌"（壮语：帅小伙子）和这里的"勒俏"（壮语：漂亮姑娘）对起了悠扬的山歌，一声声阿妹来……阿妹去的……唱得"勒俏"心花怒放，羞羞答答将代表爱意的绣球抛给了他。铁拐李起先还笑嘻嘻躲在一边看热闹，眼看两人越唱越近，越来越依偎着走近山洞口。想他又要造孽痴情的村姑了（因为神仙是不可能留下做夫婿的，这种恋爱将会害了美丽的姑娘），于是铁拐李便一瘸一拐大声嚷嚷现了身。吕洞宾正忘乎所以、兴致勃勃准备"做好事"的时候，一见李铁拐便气不打一处来，一把夺了他的拐杖丢上山崖，气呼呼拉上他腾云驾雾飞远去了……"勒俏"此时如梦方醒，方才知遇到了仙人。

传说毕竟不是真实，这是寄托是人们美好愿景，而现实确实就成了养利十景之一：悬崖仙杖。此景有清代秀才赵天益题诗云：

> 峭壁孤危丛树空，何仙遗杖挂崖中。
> 云烟镜处堪口鹤，风雨来时欲化龙。
> 远影独横秋正老，高标微映日初瞳。
> 若逢太乙持归去，应继当年照阁红。

清代秀才高修邦题诗：

> 悬雾朦胧狎峦峰，崖峭雾口砥太空。
> 仙郎宝之撑邀游，杖虽顶天匿阳中。

在清康熙三十三年（1694年）知州汪日溶编撰的《养利州志》中，就有了十景之一的悬崖仙杖记载。如今数百年过去，悬崖上的仙杖依然如故地横跨在高高的山崖上，既不腐化，更不堕落。如此神奇之景象不能不让人惊叹称道：莫非真是神仙遗物？

8. 金印奇峰

在养利城西不到二里路，也就是在利江边不远的平地中突起一孤峰，其形状如官印，所以得名：金印奇峰。山中有一岩洞，洞内空阔，玲珑穿透，过去曾有泥塑神像多座，更有历代文人骚客的珍贵题诗。

清朝知州许时谦题云：

> 一颗原从化鹤来，俨然造物为谁开。
> 紫泥色带花中露，丹篆文留石上苔。
> 应助伯仁金击肘，更催郭隗马登台。
> 山灵已改前头事，会看风云接汉才。

养利推官袁杰题诗云：

> 郊外群峰品熟尊，一峰如印立平原。
> 有岩能致探奇客，无石不留选胜言。
> 旦晚且看云出入，古今几吸月精魂。
> 金章字迹将焉在，壁上陡然是篆痕。

秀才钟裔题诗云：

> 满目奇峰万壑妍，浑成金印最超然。
> 但教永镇边城在，安用垒垒肘后悬。

清代秀才高修邦题诗：

> 全若独秀朝晨蟆，印山耸立宛如玺。
> 奇异疑是女娲练，峰态英姿冠群侣。

这些诗文无疑给此小山峰和岩洞增添了不少文气，也应该是大新主要的历史文脉之一，然而这里的"应该"是因为令人疾首痛心之事不随人意地发生了：中华人民共和国成立后的大新要进行建设，为改变交通、水利等经济落后的面貌，需要大量的雷管炸药。这天然的山洞也就成为最佳的炸药仓库。后来 1980 年代的改革开放发展经济又顺其自然成了供销社的库房，用来存放酒类等各种副食品。几经历史沧桑、时代变化，岩洞里面宝贵的摩崖石刻诗文，全数遭劫而破坏殆尽。现在给我们留下的只有在洞中崖壁上的"印山岩"三个大字，还有洞外石壁上残留的一首古诗，其余都已经石破诗去不复存了。

9. 武阳灵坛

在养利城往东三里，有一座不太高的山，名武阳山。这武阳孤峰独立，清澈溪流四面环绕，古木茂盛。山下有个雷坛，雷坛供奉的就是管风调雨顺的神灵。传说凡遇天旱时祈云辄应，因此香火旺盛，也因而得名：武阳灵坛（图 4-13）。

话说武阳山的盛景及灵坛的来历，确有清代才子赵天益题诗为证：

> 擎天一柱拥边州，气威东隅势自道。
> 白兔峰头云亦郁，绿萝阴下水频流。
> 障回夕照移千壑，春泻瀜波沃万畴。
> 自有巨灵长作惠，不教寒地泣无秋。

别看养利州属地山泉密布、溪流纵横，但是也有不少是大石山坡耕地，古代生产力水平低下，好多地方都处于刀耕火种和望天靠天的状况，一遇多日无雨，高处的山地，只能望水兴叹。在迷信风行的古代只能是求助神灵保佑，若遇上严峻的大旱年，民间就会开坛作法，祈求雨神。

当地求雨的情境非常神圣和庄重：村民们神情非常神圣和虔诚，有钱出钱，有力出力，杀猪宰羊，而且全部过程不

准妇女参加。道公司仪祭拜天地之后，四个身强力壮的小伙子，赤条条头戴草帽，肩扛龙头，前面几个小伙子骑马敲锣打鼓开道，沿途所有女子都要躲藏回避（因为见到女子就要失灵），一口气跑到江边，给龙头泡水洗澡，然后又是马不停蹄一鼓作气跑回龙坛继续做祀祭天。灵验的时候，霎时乌云即刻翻滚，骤雨就在后面接踵而来……当然，这种场景，现代是看不到了。

随着时代的发展，现在的武阳山，已经是人们休闲放松的好地方。本地居民、外来的客人，早晚都可以感受一下武阳山盛景：有两条上山路，一是环城公路边上，可拾石阶而上；二是在山背面过溪水后有一步道上山，虽曲折难行但有移步一景的美妙，更有野趣与天然感受。在山顶亭台上，登高望远，神情飞扬；俯瞰城郭，心情无限感慨。

当然，如果是深秋又是另一番景象与收获。武阳山上长满相思树，从深秋、冬季到来年春天，小路上落满殷红的相思豆，俯拾即是。拣拣爱情的信物，捎带回远方的家乡，亲自体会一番"红豆生南国，此物最相思"的情怀，在这南国的边陲又是何等的一种意味啊……

10. 无怀古石

话说这无怀古石，也是养利古城十景之一。

许是养利美景实在太多，养利文化人还是太少？才几百年时间，这么一个美景，后人竟然说不清到底在哪里？

一说：在养利城十五里的谢江村。一座孤峰，独立如笋，岩内有洞，空阔幽静……

二说：在今新振乡维新村新胜屯，四面八方群山环抱，中

间一片平坦田地上拔地而起一崇高石柱。石柱从哪方飞来
驻足？是地下冒长出来的？那巨石长得亭亭玉立，似向群
山作揖打拱，又像向人问讯，又像是刚刚从外地飞来停歇
一下脚步，或者说是像个犹豫不决的仙女，到底是想上天
还是留在人间？真是惟妙惟肖，人见人爱。

既然说不清那也有说不清的好处。如此，不妨我们可以到
两处都走一走看一看，也不必去区分哪个是真哪个是假，尽
管欣赏去吧。关于"无怀古石"奇景，历史上也留有不少诗颂：

袁简临题诗云：

嵯峨屹立插层穹，四野苍茫一望中。
云锁洞前迷宿鹤，月明峰顶照疏桐。
擎天劲柱凌霄汉，承露仙径入碧空。

石塌昔会谁借卧，悬钟轻击韵无穷。

清代秀才高修邦题诗：

无邻屹岳口然立，怀无腑脏空如如。
古形独影耐寒霜，石蒿巍巍千古奇。

张琴诗作：

群山环瑞气，泉水流不息。
神女恋旧地，脱化成古石。

既然此景难分孰是真假，其实静下来一想也用不着分辨得
那么清楚，只要是美景就行了。另外，仔细去观察说不定
还能够发现出第十一个景观来。这其实也充分说明大新具
有丰富的生态景观，处处皆美景也。

图 4-13　武阳山

第四节　溶洞生态文化景观

大新自然山水处处体现生态文化景观，就连天然的龙宫洞也是诠释了原生态的龙文化景观。龙宫溶洞内有一条形象逼真、栩栩如生的钟乳石巨龙，故名"龙宫"。溶洞内钟乳石鬼斧神工之千姿百态，气度非凡又绚丽多姿……在色彩斑斓的彩灯点缀下恍如来到仙境，因而得名"龙宫仙境"（图4-14）。

龙宫岩洞景区位于大新县那岭乡，距离县城约三十里路，属国家二级景点。龙宫岩洞是典型的喀斯特岩溶地貌，洞内空间结构变化丰富，分为前厅、金龙迎宾厅、龙宫宝藏厅、龙宫仙境厅、龙母寝宫等区域，各个厅的钟乳石造型形态各异，琳琅满目，移步一景，曲折迂回，变化无穷。面对各种钟乳石、石笋、石花、石柱的千姿百态，任由我们的思绪在其中遐想……

龙宫仙境充分展示了精美绝伦、气势磅礴的中国天然岩石龙文化景观。龙宫仙境有着很多具有代表性的景观群，它们被人们丰富的想象力分别述说着、演绎成一段段美丽的故事。

当我们来到龙宫洞的"金龙迎宾厅"就会看到一条形态很别致的钟乳石龙，龙宫则是因它而得名的，其就是这个溶洞的"洞标"了，同时也是叫"金龙迎宾厅"的缘由。行进中可以看到龙身、龙头、龙珠的景象，这是龙王在为我们表演"金龙戏珠"的节目，同时演绎了中国古话之"神龙见首不见尾"的景象，那龙尾到哪里去了？往前走一段路才可以看到龙尾，这是一条往地上盘的龙，确实是一条出神入化的神龙（图4-15）。

接着到了"孙悟空借兵器"景点：只见那孙悟空来到龙王旁边说是前来借兵器的，孙悟空生怕龙王不肯借兵器给他，就请来了观音菩萨帮忙说情。大家仔细看看观音的手上，是不是少一个从不离手的白色玉净瓶，不要着急，请继续往前就会看到这玉净瓶子，一个瓶口、瓶颈光滑圆润的巨大瓶子立在那里，而且瓶身花纹清晰可见，瓶子在这里就是保佑经过的朋友们平平安安、吉祥如意。

拐个弯来到了"定海神针"景点，它就是西游记中孙悟空前来借取的兵器"金箍棒"。这根细长的"定海神针"，从

图4-14　龙宫洞仙境

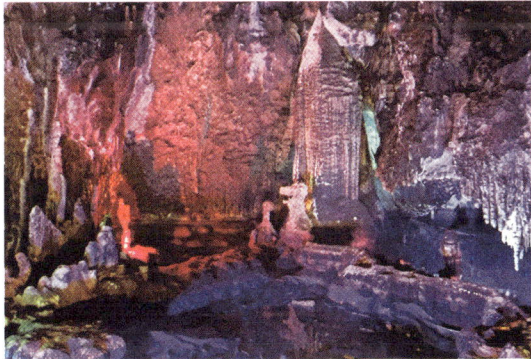

图4-15　金龙戏珠

地面直冲洞顶，估计也得有 60m 长。这可了不得：钟乳石石柱的形成一般长 1cm 需要几百年到上千年，这根"定海神针"的形成至少也得花上几十亿年，所以显得非常的珍贵，这洞中一宝绝对是大新的一个瑰宝。听说有位北京来的专家为它投了金额高达一亿元人民币的保险项目，可见这根"定海神针"确实是天下珍贵难得的稀物（图 4-16）。

当我们来到"龙宫仙境厅"顿时有一种豁然开朗的感觉，这里是龙宫洞里最大的一个"厅"整个面积有 1 万 m^2 左右，所以又叫"万米大厅"。在这里是龙宫洞景观最丰富的"景

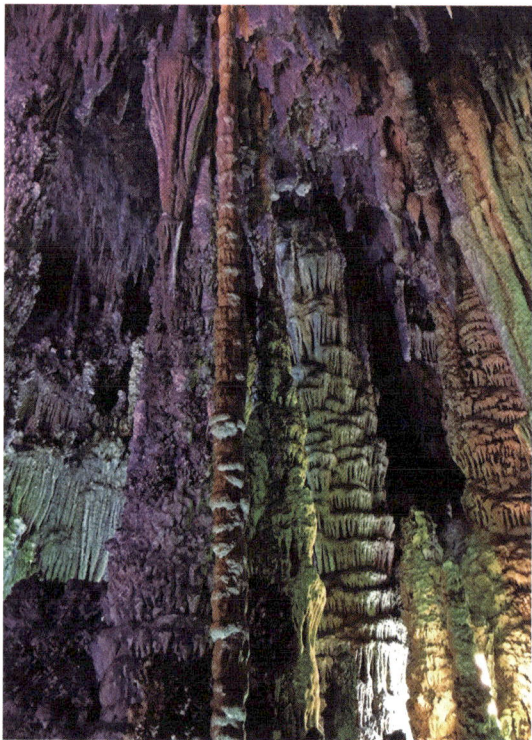

图 4-16　定海神针

厅"，石柱、石幔、石珊瑚都能随处见得到，最为震撼的是"擎天玉柱"，它足足有 48m 高，有着天然形成的造型奇特雕琢，是龙宫洞景区的第二大标志瑰宝。而上面有一石笋像一个巨大的水晶吊灯，把具有中华传统的龙宫仙境大厅装扮成欧式风格的高贵典雅的气派。

接着来到了"龙潭"，这里面的水都是溶洞顶上一滴滴地滴落下来的，"龙潭"的水也是根据季节的交替而呈现 1～3m 之间的深度，夏天丰水期最深。"龙潭"的水永远都是清澈见底，冬暖夏凉，非常宜人，也是龙女们沐浴的地方。看看周边的景观：旁边是"海盗船"，前方是一只"海狮"，再往前是一只"青蛙"，"青蛙"的后面是一只秉性凶残的鳄鱼，长长的嘴上长着尖尖的牙齿，往前几步会看见一只竖立起来的"小乌龟"，乌龟的头部、背壳非常形象……。只要你注意观察，还会发现很多惟妙惟肖的景物。这里有一则关于刚才那只"青蛙"的有趣的故事：说是从前有一个人在这里偷看龙女沐浴，不小心被龙女发现，就被龙王变成了"青蛙"的模样，并且派出鳄鱼永远守在它后面。

接着是个石幔，整体看又像一颗颗大珍珠，所以叫"宝珠幔帐"，同时也像飞流直下的瀑布，气势磅礴，好不壮观！而周边都是具有中华传统吉祥意象的景观：寓意可以延年益寿、永葆青春的"灵芝仙山"；还有带来福气的"发财鼓"；预示前景吉祥的"夜明珠"。接下来又是龙女的"水晶宫"，只见龙女们刚从"龙潭"那边沐浴回来，她们甚至还没来得及躲进宫帘。看看龙女们的身背倩影：有杨贵妃富贵身形的，有赵飞燕苗条身姿的，龙女们的背面胖的、瘦的、大的、小的都有，正所谓"环肥燕瘦、各有千秋"了。

再往前看还有许许多多的景象：一只"大水母"的形状；"玉树平陵"像炼丹炉的景石；像一只乌龟的"寿龟祝福"；洁

图 4-17　生命之源

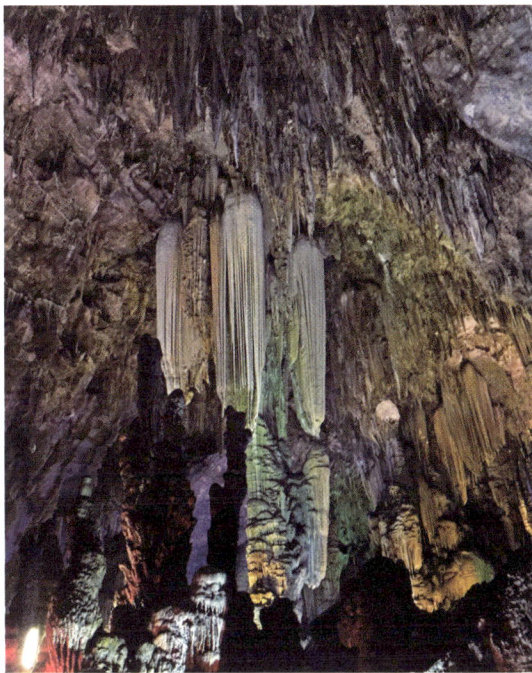

图 4-18　迎宾大厅

白的景石，让我们想到千里冰封、万里雪飘的北国风光；有很多只举着弯弯的鼻子，非常可爱的大象、小象们组成的"万象宝塔"。这里是水帘洞府，抬头看洞顶就像一大片海带、牛百叶、腐竹，龙王在这里宴请唐僧师徒，坐在这里看着行囊和经书的是憨厚可掬的"沙师弟"，旁边盘坐着、双手合十的是唐僧师父，还有一颗仙桃。那边孙悟空正趴在凳子上面看着他的师父，八戒挺着大大的肚子，吃饱喝足睡着了。当然，在这如幻如真景象的忘我行进中，在一拐弯处突起一柱头顶圆滑的石笋，即惟妙惟肖的"生命之源"，其逼真程度从上到下无可挑剔。这一旅程下来发现龙宫洞这些奇特的钟乳石形态还真是栩栩如生、形象逼真，演绎了各路神仙显神通、山珍海味齐聚会的视觉饕餮（图 4-17）。

龙宫洞景区有著名的"三最一典"景观，三最分别为：一是拥有世界上最高最宏伟的钟乳石石柱——擎天玉柱；二是拥有世界上面积最大的洞中石林——太子石林；三是有世界上景观最精致、最密集的溶洞藏宝厅，所以称为三最。所谓一典：即龙宫岩洞是中国喀斯特地貌溶洞的典范，它不仅拥有一般溶洞所具备的石钟乳、石笋、石柱、石幔、石花，同时还具备了其他溶洞所没有的像珊瑚一样的珊瑚

花，就连它的石柱也生了珊瑚花，如此种种确实不失为典范的称誉。"龙宫仙境"是一个钟乳石正在不断生长发育着的溶洞，洞内的滴水活动非常活跃且洞内的钟乳石非常密集，有很多分布在游览步道两侧，它汇集了天下溶洞景观于一体，堪称溶洞的典范。因此，"龙宫洞"有"中越边境百里画廊第一溶洞""中国天然的龙文化博物馆"之称（图 4-18）。

站在龙宫洞出口处，还可欣赏到"一峰峭拔碧波外，幻做瓣瓣莲花开"和秀丽迷人的自然田园风光。这些风光与洞内景观相互呼应着，比如龙宫洞的第一厅"金龙迎宾厅"，其中一个景象：在一片钟乳石中仿佛荡漾着勃勃生机的春水梯田的一片世外桃源，有一棵枝繁叶茂的大榕树底下着层层叠叠而上的梯田，后面是一个深深的庭院，有几位老人在这里闲爽地聊着天享颐天年。此时似乎洞内与洞外的情景浑然一体，仿佛就像陶渊明笔下描绘的"采菊东篱下，悠然见南山"的情景一般……

第五节　恩城老街

恩城老街是恩城乡政府驻地，人们要去恩城老街必须经过桥梁通行才能到达，这是因为恩城四面环水，所以说恩城是个岛屿。这也是土司当初将州衙转移至此的原因之一，原来的州府是在岛屿南面的岜字山脚下那片开阔的地盘上，搬迁到这岛屿上与这里的战略优势有关：平时扎起竹排相连作桥，维系两岸交通。如遇战事将竹排一撤，河水就成为一道天然屏障，在冷兵器时代绝对是易守难攻之地。

恩城老街现在有一百多户人家，走进旧街满地都是当年衙门建筑遗留的建筑材料：断臂缺腿的石狮子，半埋在菜地里；折断了的衙门照壁，成了民居前垫脚的石板；精美的刻花石雕被砌成了水沟的沿边；一个好好的青石做的鱼缸就随便丢在河边码头边上。很多居民家门口摆放着数量不少的石础，高低大小各不相同，大的直径达40多厘米、高60多厘米，现均为供人纳凉的坐凳。所有这些可以想象当年土司衙门的建筑物是何等的雄伟，一个小小的土州，管辖范围并不大，但其建筑规模却是如此之高大上，实在令人惊叹！

那些壮族土司衙门的建筑物上，雕刻着各种精美图案，其中不少是龙、凤、麒麟等图形，而龙凤图案，在中原都是属于皇帝专用的，别说平民百姓，就是达官贵人也不敢僭越使用，否则就会有杀头之虞。而边疆的土司们，一方面不准百姓建砖瓦房屋，只能住茅草泥屋，另一方面却在建筑物上雕龙画凤，自尊为土皇帝，也说明中原皇朝势力对边疆土司的管辖的鞭长莫及或者无可奈何。

在恩城街上有个出名的镇河妖石，它是一块巨石，形状如牛，横卧在原地上，传说这是一块用来镇压河妖的神石。古代的恩城州，生产力水平低下，生产工具简单，遇到洪水泛滥，当地老百姓认为有河妖作怪，所以只有祈求老天。因此，这块形象如牛的怪石便成了信物，恩城州民们纷纷顶礼膜拜，祈盼风调雨顺，以获得丰产和安居乐业（图4-19）。

在恩城街上还有2棵具有一定年头的硕大的扁桃树，每棵树高约30m胸径2m多，树干要4人合抱。扁桃树枝繁叶茂，树冠覆盖率约100m²。枝叶间有大叶榕和无名草寄生，这扁桃树是鸟雀的天堂，每天都有成群的鸟儿聚集这里。如此大的扁桃树实乃奇观远近闻名，并有大新"扁桃树王"之美誉（图4-20）。

图4-19　恩城街上的镇河妖石

图 4-20 恩城扁桃树

第六节　传统民俗

壮族传统歌圩习俗源远流长，它代表着壮族人民的娱乐文化，崇左明江上的花山岩画中，就有展现壮族先民骆越人举行盛大歌圩的场面。大新的歌圩与别的地方相比，更有边地特色。大新有一个自发的民间"侬峒节"，"侬峒节"是大新特有的一个民俗节日，它是以对歌为主体的民俗活动，同时举办的有抛绣球、舞狮、射鸡、抢花炮等群众性文体项目；也少不了祭祀、法事等原生态民俗活动；尤其是在大新地处边境几个乡镇的村屯，每到这一天都能够看到成群结队的越南边民前来"赶侬峒"。在越南边境的一带也是一样盛兴"侬峒"，那些沾亲带故的边民，也要过越南去参加那边的侬峒，形成这一带特有的景象。

1. 歌圩文化

大新这里的一年四季都有歌圩，在各个乡村山寨自发轮流举办。关于歌圩的起源，传说很早以前，一位壮族老歌手的闺女长得很漂亮，又很会唱山歌，远近年轻的小伙子们都想向她求婚，于是老歌手提出赛歌择婿。因此，各地青年歌手纷纷赶来赛歌，以期望被意中的美丽姑娘挑中，从此形成了定期的赛歌集会——歌圩。有关壮族歌圩习俗的汉文记载最早见于南朝，南朝梁代有记载：在晏城县（今宾阳一带）"乡落唱和成风"；北宋乐史《太平寰宇记》记载：壮族"男子盛装……聚会作歌"；南宋周去非也曾在所著书中提到壮乡对山歌的盛况，他是南宋的进士，在桂林静江府任通判官职，曾在广西为官 6 年的周去非归乡后，就因为穷于酬答那些打听岭南情况的访客，从而写出一部《岭外代答》。这部书稿不但为宋人解答地处"南蛮"的广西之风土人情，还成为后世研究宋代广西地方史的珍贵文献。周去非《岭外代答》卷四《送老》中写道：壮人"迭相歌和，含情凄婉……皆临机自撰，不肯蹈袭，其间乃有绝佳者。"书中强调了"自撰"二字，这正是壮族对歌的特征。卷十《飞驼》载："上巳日（农历三月三），男女聚会，各为行列，

以五色结为球，歌而抛之，谓之飞驼"。男女目成，则女受驼而男婚定"，直到今天"三月三"仍是壮族最大的节日；明代邝露《赤雅》等书记载"正月初一、三月初三、秋歌中秋节"男女"采芳拾翠于山淑水湄"、"唱和竟日"；明朝天顺进士刘大厦在邕州（南宁）写的《闻从者谈土俗写怀柬王宪佥》诗中也提到"男女歌谣成乸礼"等，皆描绘了壮族歌圩情景。明清之际，曾有不少诗歌、文章赞壮族歌圩盛况："木棉飞絮是圩期，柳暗花明任所之。男女行歌同入市，听谁慧舌制新词。"《武缘县图经》记载："答歌之日，武缘（今武鸣）仙湖，廖江二处有之，每年三月初一日至初十日，沿江上下，数里之内，士女如云。"新中国成立前编写的《广西边防纪要》记载："沿边一带风俗，最含有人生意义的，则为歌圩"；在横县历代有"兴歌""好歌"之民俗，当地称为"圩逢"，圩逢同样盛况空前。其中最为盛名是农历四月十四日乌蛮山下的伏波庙歌节。民间歌谣在横县比较流行，这些歌谣可分为：劳动歌、堂歌、儿歌、尼度歌、船歌、丧歌、情歌。在壮族"三月三"歌节之日，人山人海，简直"无处不飞歌"，壮乡成了歌的海洋。此外还有盛大的祭祀壮族始祖布洛陀的活动：据史料记载，田阳敢壮山歌圩形成于隋唐之前，是广西最古老、最大的歌圩，每年农历三月初七到初九，都有十余万人自发来到敢壮山，以唱山歌、舞狮等活动纪念壮族始祖布洛陀。

大新的歌圩俗称"歌婆"或"陇峒"（壮语），是大新县壮族人民的歌会。相传很久以前，美丽的山水间住着一位老人，他有两个俏丽、漂亮的女儿，方圆几十里的小伙子们都来向她们求婚，媒人几乎把她们门槛踩破了，但没有一个小伙子让这对姐妹中意。姐妹俩便对媒人说：这么多人向我们求婚，答应谁呢？最公平的方式就是比赛山歌，如果他们真的爱我们就约个日子，一起来到山脚下的树木林里对歌吧，谁唱得最好，谁最聪明，我们就嫁给谁。消息一传开，年轻小伙子们个个翘首以待，到了指定的日子，情

郎们汇聚山下林间溪水边，放开嗓门唱了三天三夜，结果姐妹俩选上了各自如意的郎君。从那时起青年男女每每求婚，便指地为场，以歌为媒，由此形成了流传百世的歌圩。大新县歌圩始于唐代，至今已有千余年的历史，它是壮族饶有风趣的一种民族传统风俗。歌圩俗称"陇峒""陇岩"等，各村屯（有的几个村）歌圩场都按历史沿革日期、地点举行，小则三五百人，多则五六千甚至上万人不等。歌圩的山歌一般从催唱歌唱起，再唱盘问歌、赞美歌、初交歌、分别歌。许多男女歌手出口成歌，所唱山歌有女问男答或男问女答，内容歌词都比拟精确，生动诙谐、引人入胜。

大新山歌丰富多彩、形式多样，颇有自己的特色，大致分为以下几种类型：流传于昌明、福隆乡一带的山歌叫"潘山歌"；流传于五山、全茗、那岭一带的叫"抓山顶"；流传于桃城、龙门、榄圩一带的叫"诗雷"；流传于宝圩、下雷一带的叫"诗三句"等。还有宝圩的马采茶山歌、下雷苗族采茶调山歌、在榄圩雷平等地还有钦州调、玉林调、柳州调以及本地的白话山歌等 60 多个山歌种类。其中以龙门三联村"高腔诗雷"为代表，是大新县最具本地特色的壮族民间艺术。其音调亮六、响亮以及具有当地特色的二重唱法的特征，在广西山歌中独树一帜。高腔山顶也称"诗雷"（其壮语之意为"最高、最响、最美"），歌手们在表演"斗唱"形式上，一般沿用　男三女斗、二男八女斗、十男三十女斗等各种形式的唱腔组合，把原汁原味的民族风情妙趣横生地展出了出来。每年农历三月二十六这一天是当地最为隆重的歌节。届时远近村民盛装汇集三联村赶山歌圩，男女老少以山歌会友、待友，最多时有上万人同场对歌，场面十分壮观。话说这大新"高腔诗雷"于 2017 年 10 月以原生态音乐组合形式，上了中央电视台"星光大道"现场节目，向全国人民亮了相，得到了专家的肯定和广大观众的喜爱。

大新的歌圩一般在 1 月～4 月、8 月～10 月的农闲季节举行。在雷平、振兴、宝圩、堪圩、硕龙 5 个乡村的各歌圩地点有近 70 处。这些歌圩点有的是 3 至 5 个自然屯合为一个地点，有的是一个村为一个点。每年一到指定的时间都在指定的地点进行歌会，歌圩地的住户都以东道主身份杀鸡宰鸭招待来赶歌圩的客人。

男女对唱山歌是循序渐进的，一般从催情歌唱起，再唱盘问歌、赞美歌、初交歌、深交歌和分别歌。歌圩的活动，使那些歌手有了发展歌才的场合，更给青年男女提供了一

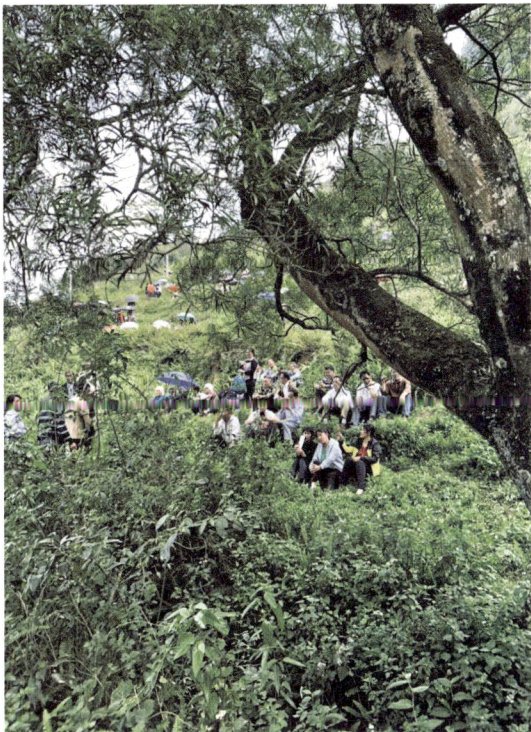

图 4-21　大新陇峒日漫山遍野的对山歌

个交往情谊的良机。他们虽然文化水平有限，却知识丰富，才思敏捷，出口成歌，内容幽默、含蓄、耐人寻味，所用比拟，形象生动。如"耳闻歌声心里跳，我唱不好也上场。鸡仔初啼音不亮，画眉学唱声不扬"；"宪木越老身越坚，结交越久情越甜。有心莫怕多考验，来年树下订百年"，很多年轻人是通过唱山歌从认识到加深了解，然后发生爱慕之情，最后结成伴侣组成美满家庭的（图4-21、图4-22）。

2. "赶侬峒"与山歌民俗

大新的歌圩，和广西别的地方相比，更有边地特色。清朝诗人赵翼，在镇安府（今德宝县）做知府的几年里，耳闻目睹壮族的歌圩盛况，他如此写道："桂西的老百姓，最喜欢在春天的月亮下，趁着歌圩节唱山歌，男女各坐一边。那些歌词的内容，大多是反映男女相悦之词，诸如'你爱我，我不爱你'之类，要是相互喜欢，对完山歌之后，就可携手并肩进入竹棚对饮，相互各赠信物作为定情，约好下次相见的日期。"

大新当地有句古话：有脚不会跳，白来世上跑；有嘴不会唱，枉然人一场。因为壮族的年轻人谈恋爱找对象结婚，都是要靠唱山歌唱出来的。能唱山歌而且唱得好山歌，其实也不容易。因为地处偏远"南蛮之地"的这里，老百姓是千年世袭土司统治下的平民，地位低下的他们是不能读书的，所以普遍没有文化。而歌词则需要即兴现编张口即唱，这就具有很大的挑战性。你不会唱山歌，自然是显得愚笨不聪明，因此连找个对象也得比别人困难得多。反之，只要你歌唱得动听迷人，即使家庭条件再差，照样有姑娘喜欢你，自然不愁讨不到老婆。因此，大新一直以来还流传着"婚姻以唱歌私合，始通父母，议财礼"的风俗。

大新人把赶歌圩叫做"赶侬峒"。为什么叫"赶侬峒"呢？

因为大新这里从汉、唐时期就是西原州侬峒地，意思是侬姓人部落生存的地区。"大者为州，小者为峒"，峒是比州更小的地方，相当于现在的乡政府或大村委会。在民国之前，各土司州衙门下仍有"峒长"或"知峒"的官职，管辖下面山寨的土民和农奴。"赶侬峒"则是"去侬姓部落唱歌的地方"。这里的一年四季都有歌圩，在各个乡村山寨自发轮流举办。据《雷平县志》记载，每七百人左右就有一个歌圩，今日在这个山寨，明天在另一个村屯，每年最早的举办歌圩日是正月初四。这里的壮民特别热情好客，每当轮到赶侬峒的日子，村屯里便是家家户户敞开大门欢迎客人

图4-22　大新陇峒节还有各种特色美食

光临，无论认识和不认识的都是盛情款待，并且来客越多主人越高兴，所以在当地壮乡有句俗话：一个亲来九个跟。因此有人戏称：从正月初四出门，只要带一条毛巾，就可玩到三月三，之后再出门至农忙割稻时节回家……在大新过侬峒节可是比春节还要热闹，在这一天每家每户都要杀十多条鸡鸭（当地人语言习惯，鸡鸭论"条"不说"只"），当地叫做"劏鸡劏鸭"。在这壮乡家家养着成群结队的土鸡土鸭，很多都是放养，近似野生状态，不可思议的是有的鸡晚上甚至就飞到低矮的灌木丛或龙眼树上抓着树枝栖息，构成大新乡村景观的一大特色。在这地方还有一句俗语：无鸡不成宴，意思是请客吃饭没有鸡，是不成心请客的表现。还有当地人吃鸡肉，喜欢的是"白斩鸡"，而且煮鸡的火候以斩出来的鸡块骨头里还带着血丝为最佳，肉质细嫩、鲜美无比，有很多留在大新的外地朋友入乡随俗，都很快喜欢这道"白斩鸡"的美食。

侬峒节除了鸡鸭，家庭条件富裕的人家还要烤一头香猪招待客人，经济条件差的人家，也会几家一起拼着烤一头猪；当然还少不了一盘盘的牛肉、羊肉。举办的当大上白辆的汽车，成千上万的客人甚是壮观，人们涌进了村落，热闹的气氛赛过隆重的春节。远亲近邻包括远方的客人无论相熟不相熟，都有美酒美食真情款待你。村里的每家每户都会准备上七八桌菜肴，来客多的那家还会是流水的宴席，从中餐吃到晚上，村头村尾传来一片猜码声……。在这个特别的节日这样热情洋溢的接待，在全国乃至全世界有哪个地方、哪个民族能够做到呢？只有在大新这里才会有。

在大新地处边境的硕龙、岩应、宝圩等地，每到这一天都能够看到成群结队的越南边民前来"赶侬峒"。同样在越南边境和大新接壤的一带也是一样有"侬峒"，那些沾亲带故的边民，也要过去参加那边的侬峒。可以这样骄傲地说：我国陆地边界线全长约22000多公里，同14个国家接壤，

在国境线上，只有在大新一带才能见到这种温馨的场面。所以说大新的人民特别的善良好客、特别的淳朴热情！这就是长期以来边疆壮乡侬峒节情景。

在这个特别的日子里不管哪个村屯过侬峒，亲朋好友都会翻山越岭提早赶过去，客人还未进山寨，晒台上早就飘荡来甜美的《迎客歌》；然后是来客唱起感谢的歌声，感激主人的盛情邀请。在从前生活条件艰苦时期，前来赶侬峒的客人，只能是吃白米粥、玉米糊，甚至还有自带饭团、粽粑的，因为"赶侬峒"的目的是以歌会友，以歌传情，这个也是壮民们重要的文化精神活动，只要有歌唱，就是幸福快乐的好时光（图4-23）！

3. 霜降节

"霜降节"在下雷是最隆重的节日。霜降是农历24个节气之一，但是在下雷，它成了一个全民狂欢的喜庆节日，其热闹的程度，超过传统的新年。所以下雷人有句俗话：过年不一定穿新衣裳，霜降一定要穿新衣裳；过年不一定要杀鸡，霜降一定要杀鸡，当然还有糯米饭冲糍粑等美食（图4-24）。

过去下雷过霜降节，比现在还要隆重热闹，远道而来的客商有从广东、云南等外省赶来的，广西境内有从邕州、梧州、宾阳、百色、横县等赶来的，还有从越南高平、凉山等地过来的。至于周边方圆百十里的人们，来的就更加多了。霜降节一般是前三后四要闹七天时间，那几天里，下雷及周围村屯人山人海，满街都是百货、山货和特产在繁忙交易，到处是人声鼎沸；满山遍野山歌飞扬，都是青年男女在对歌找对象，对上了就可以喜气洋洋双双携手回家乡，整个镇圩热火朝天，可谓其乐融融……

图 4-23　侬峒歌圩（蒋诗捷摄影）

话说他们俩夫妻得胜归来的日子，刚好是在农历霜降日，这时下雷人民欣喜若狂，家家户户张灯结彩，高举岑玉音骑牛画像，沿街敲锣打鼓，舞龙舞狮，抢花炮，热闹非凡，这个习俗一直保持到现在。在桂西南壮乡，只有两个地方过霜降节。另一个就是天等县的向都镇，向都的霜降节传闻来历还是与下雷有关：某一代下雷土司女儿嫁给了向都土司儿子，后来她怀孕那年不便回娘家过节，便在向都也搞起舞龙舞狮欢庆霜降节，久而久之此地便也成为一个节日了，但气氛远远不及下雷。然而后来者居上，到了最近向都将此节日成功申报了中国历史文化遗产保护名录。

下雷举行霜降节的来历还是很有来头的，据传是三百多年前乾隆皇帝亲批的。说的是当年下雷土司许文英和夫人岑玉音，率领下雷州的子弟兵（狼兵）奉旨去东南沿海抗击日本倭寇。岑玉音是隔壁湖润土司的女儿，聪明伶俐，美若天仙，她从小喜欢练枪舞剑，熟读史书经典。据说岑玉音打仗喜欢骑一头大青牛，总是冲锋陷阵在前沿，直打得倭寇闻风丧胆、狼狈逃窜，战功赫赫、名声威震。乾隆皇帝闻讯大喜，特派画师画了岑玉英的画像送进宫中，封许文英为抚夷将军，授四品官衔。

但是还有个说法：他们打的并不是日本倭寇，而是对面的交趾兵。下雷因为是边防重镇，邻国一向虎视眈眈，经常有摩擦。所以下雷的土司，和别的土司不一样，因为自保边疆，国家允许下雷可以不服兵役（即征调土司兵外出）。前面说过徐霞客来到下雷的时候，后山就是被交趾占领了。许文英和岑玉音，参加的是收复失地的保家卫国战斗。所以，应该还是这一个传说为真。明神宗皇帝之前，归春河对面，都是中国下雷土司的土地，许家土司的许宗佑，就是战死并埋葬在归春河边。

图 4-24　喜庆的霜降节的冲糍粑美食

第七节 传统服装

近代广西壮族的服饰，典雅庄重，在朴实中突显内敛的品位，因为地区和支系的不同，其样式有所差异，各地的服饰色调是一致的，那就是以蓝、黑为主要色调。其样式是以蓝黑色衣裙、衣裤式短装为主。明末清初顾炎武撰写的《天下郡国利病书》记载："壮人花衣短裙，男子着短衫，名曰黎桶，腰前后两幅掩不及膝，妇女也着黎桶，下围花幔。"壮族男装多为破胸对襟的唐装，以当地土布制作，不穿长裤，上衣短领对襟，缝一排布结纽扣，胸前缝一对小兜，腹部有两个大兜，下摆往里折成宽边，并于下沿左右两侧开对称裂口。穿宽大裤，短及膝下，有的缠绑腿，扎头巾。冬天穿鞋包黑头巾，夏天免冠跣足。节日或走亲戚穿云头布底鞋或双钩头鸭嘴鞋，劳动时穿草鞋。壮族妇女的服饰端庄得体，朴素大方。她们一般的服饰是一身蓝黑，裤脚稍宽，头上包着彩色印花或提花毛巾，腰间系着精致的围裙。上衣为藏青或深蓝色短领右衽偏襟上衣，分为对襟和偏襟两种，有无领和有领之别。有一暗兜藏于腹前襟内，随襟边缝置数对布结纽扣。在边远山区，壮族妇女还穿着破胸对襟衣，无领，绣五色花纹，镶上阑干。下穿宽肥黑裤，腰扎围裙，裤脚膝盖处镶上蓝、红、绿色的丝织和棉织阑干。劳动时穿草鞋，并戴垫肩。在赴圩、歌场或节日穿绣花鞋。壮族妇女普遍喜好戴耳环、手镯和项圈。服装花色和佩戴的小饰物，各地略有不同。上衣的长短有两个流派，大多数地区是短及腰的，少数地区上衣长及膝。

壮族男女不同的历史时期人有不同的发型。从广西左江花山崖画上可见早期壮人男子是剪短头发的。崖画上有少量男子头上插有两支迎风舞动的羽翎。画上有为数不多的少女留长辫，图像中一女子的发梢上还缀有一朵山花。古书上有记载：壮族祖先的发型有披发形以及倒螺髻形的椎髻，至唐代男子仍"露发"（断发），女子挽髻垂于后，用修整过的一根三寸长的木或竹条斜贯其中。清代时朝廷强迫读书做官的人留长辫子。然而在壮族乡村男子根本不理睬清朝廷禁令，依然剪断头发。1949 年后，各地妇女的发饰仍保持一定特色，在桂北一带的老年妇女把长发翻过头顶打旋，然后用四尺黑布包好。青年女子在头顶留长发，四周剪成披衽，把顶心长发翻到前额，用白布扎好，插上银梳。女孩子的头发则先剃光，戴上外婆送的银饰帽，长大才留顶心发。这些发型，显然是古代披发的遗风。地处桂西北地区的女子也是留长发而不打辫，已婚的结髻，或梳顺后由左向右绕，用头巾扎上；未婚的反过来由右向左，用白印花或提花毛巾包扎。

地处桂西南的大新则不大相同，有一种特殊的标志性的模式：少女是一条长辫加刘海；少妇则梳双辫；中年老年结髻，垂于脑后。所有的少女都喜欢留刘海，刘海一般是两三根头发为一组而有间隔地整齐排列在前额上。此外，还有一原生态的手工美容习惯，即用两股绞在一起的纱线把多余的眉毛拔掉，修整出一道细细弯弯的眉毛，与刘海配在一起显得干净利落而精致。这两股绞在一起的纱线也可以把细细的汗毛拔掉，特别是在盛大节日或者婚期临近前，姑娘们总是把脸颊、后颈的汗毛去掉，露出嫩白的脖颈。此项工作一般是母亲帮女儿或者姐妹、闺蜜间相互帮忙，这些情形是在歌圩和节日前夕在村头形成的一道特有的迷人

图4-25 大新男女服饰

景象。在着装方面《徐霞客游记》中记载了关于桂西南左江流域一带的壮族妇女的情形："妇人无不跣者……裙用百輫细裥，间有紧束以便行走，则为大结以负于臀后……"大新壮族穿的衣服是以蓝靛为染料制作的蓝黑色衣裙、衣裤样式短装为主，而且都是自纺、自织、自缝制的。女子的服装与男子相比显得多彩些。他们上身穿的是大襟蓝干衣，领窝至右腋下的衣襟、两袖，均绣大花边，衣领矮，露颈部。壮族少女们下身穿着的是长至脚踝的长折裙，或镶有花边的宽裤子，裙子外面，正两腿心处，各绣一条垂直对称的大花边，在臀部处打几个折，臀部下的裙脚卷起一寸左右，两边以几针缝住，形成后裙脚弓形翘起，从前面看是桶裙，背后看是折裙，上下衣裙贴身，线条分外明朗，十分雅观。脚登圆口绣花鞋。壮族男子穿的上衣，是黑布对襟衣，圆领阔袖，两襟扣子 7～9 个，扣子用黑布织成，将两襟的扣子扣起来。男子下身穿的裤子也是黑布，裤口宽大，一般为 1～1.2 寸，主要起着透气降温功能；裤头分为左右两片式，穿的时候对叠而以布绳绑紧即可，当地壮语称"夸啵"。当地男子平时都是打赤脚，只有过年过节这种喜庆日子走访亲友，才穿上土布鞋或龙凤鞋。

在大新目前主要保留传承的壮族服饰有："白巾黑衣""短衣长裙""哈心角巾""蓝衣盘头"等。现在大新的民族传统服饰由于时代的发展和民族的不断融合，男子服装与汉族服装相差无几，只是腰间束带而已。妇女的服饰还保留部分传统特色。结婚以后的妇女基本都擅长纺织和刺绣，所织的壮布，图案精美、色彩艳丽。服装多用花边装绣，腰间束围裙，特别喜欢在胸、兜、鞋、帽上用五色丝线绣上花纹、人物、鸟兽、花卉，五花八门、色彩斑斓。在大新县的 36 万壮族居民中，由于他们生活的区域和不同的传承，在他们的服饰等生活习俗中都有着或多或少的差异（图 4-25）。

在这里可以特别介绍的是以宝圩乡板价村为代表的"短衣壮"形式，也是颇具地方特色的服饰文化，其是大新县境内保持传统民俗文化形态较为完整的壮族支系。其独具特色方面主要是女性的服饰：女性的服装短衣长裙，上衣全长一尺左右，底襟只到腰间，与裙头相接，衣服的袖子与衣长度相当或略长。长裙是用三米多长的土布剪为九幅后用手工缝制而成，因其状似褶扇，故又称百褶裙。此短衣服装稍微一运动肚脐就会显露出来，所以被冠以很时髦的名称：壮族"露脐装"！此服装具有特色的还有壮锦头巾、围裙和花腰带以及披在肩上的小坎肩等服饰。这里同样要特别推出小坎肩，这小坎肩最初的功能是妇女们在劳作挑担子时起保护衣服的作用。后来爱美的壮族妇女用五色丝线绣上各种花纹图形，色彩艳丽而斑斓，姑娘们穿戴在肩上显得精神而靓丽，是一件不可多得的艺术品。在当今兴起乡村旅游热的时期，这也是繁衍出的吸引游客的旅游产品，当然还有绣花腰带、绣花鞋等等物品（图 4-26）。

图 4-26　作者与身着板价当地民族服装的村民合影

第八节　乡村文化

在大新县宝圩乡板价村活跃着一支民间演出队，逢年过节都少不了他们的节目，除了各种节日举行自娱自乐的乡村文化活动外，他们也参加各级文艺比赛并且获取了优异的奖项。

说到这支演出队的村民艺术团首先要介绍农廷兴团长，农廷兴作为小学的退休教师（这在乡村是了不起的文化人了）本来就很有艺术细胞，为了搞活乡村文化建设，由农老师牵头在板价村组织了一支村民艺术团，农廷兴老师自然就成为艺术团的团长，同时更是主要的歌舞的创作者。农老师根植于本土，传承流行于本村屯的说唱跳的民俗艺术，创作出具有板价村独特的民间歌舞，编创了不少原生态的歌舞节目。目前，在农老师的带领下艺术团具有了 20 多个富有民族风情和乡土气息的节目：舞蹈有交友舞、竹竿舞、铜钱舞、狮公舞、铜鼓舞、打扁担；山歌主要是即兴而作，有敬酒歌、迎宾歌、送客歌、摇篮曲、情歌对唱等。这些节目内容全部来源于劳动生活的总结与提升。比如："吃饭惜米咧，每一粒谷子都要珍惜啊……"，这个歌舞，都是表现生活中对劳动成果的珍惜情形。"贝（去）啊，贝啊，鸟儿出去啊！山上的鸟雀飞走了，田里的谷子熟透了，收割回到家，喝酒又喝茶。"大家欢庆丰收，敲击竹筒，以竹筒作为打击乐，表达丰收喜悦的心情等，所有这些都是群众喜闻乐见的内容。在歌舞表演时，由于经济原因现场的音响设备很简陋，更加没有随身带的"小蜜蜂"（麦克风），演员们不能边跳边唱，只好临时安排几个人来伴唱，这倒是形成了原汁原味的原生态的表演形式。当表演时农廷兴团长在舞台边舞动双手，指挥着伴唱的节奏，也是一道风景线。板价民俗表演队在有关部门的帮助下，请来民族歌舞专家进行专业的辅导提升。板价民俗艺术团以自己自创的民俗原生态的艺术形式，再配上具有个性特点的服装样式，在对外交流、旅游民俗表演等方面起到了重要的纽带作用，现在在崇左市范围已经名声在外。板价民俗艺术团的主打节目《蹬荡》在市、县各级各种演出大赛中获取了

一等奖、铜奖和优秀奖的好成绩，并且有了一定的经济收入。因为这些因素以及艺术团名声的日愈蜚声扬名，吸引了外出打工的村民返乡加入，此种形式对地方的民俗文化不乏是一个可持续的活化的传承举措。

此外，上甲这里建筑也具有自己的文化特色，上甲包括板价、板禄两个村，其乡土建筑别具一格。上甲的古城堡是为抵御外敌入侵而建造的，至今许多地段还保留着古城垒的石墙、栅门等遗址。在古城垒保护着的古老村落里，上甲人把自己独特的习俗一代一代地传承下来。上甲村落的

图 4-27　作者采访板价民间艺术团农廷兴团长

图 4-28   板价民间艺术团在排练中

古屋多为竹木糊泥作墙的干阑建筑，其中最具特色的是被
称为"恩窑"的传统仓储设施。"恩窑"是用枫木建造的，
其中作为支撑的 4 根立柱，以枫木为材料并且把圆柱打磨
得异常光滑，目的是让老鼠无法攀爬，偷吃稻谷。这个与
白裤瑶的粮仓建造同出一辙，是一种低成本、高效能的设
计,是劳动人民长期的劳作生活中的智慧结晶(图 4-27～图
4-29)。

图 4-29   广西艺术学院师生与板价村艺术团合影

第九节 铜鼓文化

铜鼓一直以来是广西壮民族最具代表性的器皿，各种祭祀活动少不了铜鼓，喜庆活动同样少不了铜鼓。铜鼓在壮族人民心中的地位如同铜鼎在中原地区汉人心中的神圣地位。铜鼓除了其本身承担的社会祭祀方面的功能以及文化娱乐功能之外，其本身造型形态、制作工艺也是具有很高的水准和地域文化特色。明人汪广洋在《岭南杂咏》诗中写道："村团社日喜晴和，铜鼓齐敲唱海歌。都到一年生计足，五收蚕茧两收禾。"壮族同胞在铜鼓上塑有大量的蛙。铜鼓沿面的蛙塑像是铜鼓身上最有特色的立体装饰物。它们不仅富有民族特色，且造型十分生动活泼（图 4-30）。

欧阳若修等著的《壮族文学史》中记载了壮族地区流传的《蚂拐歌》："青蛙和蚂拐，它妈在天上，名字叫蚜雷，专管风和雨。蚜雷将蚂拐，派遣在人间，帮它妈报讯，好来定雨晴。"歌中将青蛙和蚂拐并提，二者都是蚜雷的儿女。蚂拐便是蟾蜍的俗称。古代壮族铜鼓上的蛙立雕，也包含了蟾蜍。该书称，壮族先民最初的图腾很多，不同的氏族有不同的图腾。从所搜集到的资料看，如鸟、鸡、蛇、蛙等，都曾被某些支系作为图腾崇拜过。后来，大概是因为崇拜青蛙这一支系强盛起来并取得了支配地位，青蛙（包括蟾蜍在内）遂发展成为大家所公认的全民族的标志。这也是对古代壮族铜鼓上的蛙图腾的又一个诠释。

铜鼓除了强劲别致的形态及使用功能还具有丰富的内涵。从铜鼓的外形造型来看本就是一件精美的艺术品，铜鼓身上丰富的纹饰，储存着壮族古代社会文化生活的众多信息，犹如一座无比丰富的资料宝库。铜鼓立面的鼓腰身曲圆润鼓胸丰韵，很具有稳重饱满之感；铜鼓腹空无底，以使敲击的声音回旋浑厚。鼓面就是重点装饰部分，中心是以太阳纹为主要图形，并从太阳纹往外推移着几层装饰纹样，在鼓面边沿接近的圈带上铸着精美的壮族的崇拜物青蛙（蚂拐）的圆雕装饰物（当然也会有骑士、牛橇、龟、

鸟等形象的雕塑）。铜鼓上的纹饰包括青蛙塑像，都是壮族先民精心设计并铸造上去的，有着古老而深刻的内涵。《武鸣县志》里的《崇拜》一文写道："壮族民间传说，癞（蟾蜍）为天神雷王的儿（女），专门了解人间旱雨情况，雷王根据他们的叫声行云播雨，因此人们对癞敬畏如神，见到癞不碰、不打、不戏弄，还要绕道回避。"这是对古代壮族铜鼓上的蛙图腾的诠释。农耕民族都是靠天吃饭，所以青蛙、蚂拐便成了壮族人民崇拜的神物。这些装饰物造型夸张、雄强、有力且庄重。同时，在鼓胸、鼓腰也配有许多具有浓郁地域风格装饰性的绘画图案纹样。鼓足位置则空留素底，形成一种疏密有致、虚实相间、相得益彰的效果。

在制作成型工艺方面也是体现了精湛的青铜器技艺，铜鼓上的这些图像都是在模坯上用镂刻或压印技术制作而成，采用线地浮雕的技法，画像传神简洁，线条刚劲有力。画像纹饰分为两种，一种是物象纹饰、另一种为图案纹饰。物象纹饰有太阳纹、翔鹭纹、鹿纹、龙舟竞渡纹和羽人舞蹈纹样等；图案纹饰有云雷纹、圆圈纹、钱纹和席纹等。这些图像纹饰往往以重复或轮换的构图形式出现，表现出合理的装饰布局而产生强烈的整体艺术效果。鼓胸装饰带的图像有长卷形式，而鼓腰装饰带的图案则是独立成篇，内方连续式地循环往复。

在铜鼓的器型方面主要是根据其出土的地方来命名的：北流型铜鼓，以广西北流市出土铜鼓为代表而得名，其特点是体积高大厚重，鼓面大于鼓胸，部分鼓的面沿下折形成"垂檐"，鼓腰缓缓收缩，附环耳，遍体饰以精细的云雷等几何花纹，鼓面的立蛙一般瘦小无纹，鼓面背部有调音铲痕。万家坝型铜鼓，以云南楚雄县万家坝古墓群出土铜鼓为代表而得名，其特点是鼓面窄小，鼓胸特别膨胀，鼓足短，足径大，体形小而略扁；器壁浑厚，器表粗糙，有的通体无纹，

图4-30　铜鼓正面上有太阳纹文字、各种动物图形，沿面有立体的蚂拐塑像

有的装饰稚拙简朴的花纹。冷水冲型铜鼓，以广西藤县冷水冲出土铜鼓为代表而得名，特点是花纹密集且趋向图案化，突显立体装饰的丰富风格。

在铜鼓铸造技术方面，民间铸造铜鼓活动至清代以后就已经停止，因而随之铸造铜鼓的技术也慢慢失传。据记载以及其他铸造技术得知，铜鼓的制作铸造方面通常有泥型合范法和矢蜡法两种。

泥型合范法有以下几道主要工序：

1. 制模型：首先用木料做成一个鼓形木模作为范芯骨架，然后敷以掺有谷壳的粗泥料作范芯的底层，再敷上掺有草灰、牛粪的细泥料作表层，使表面光滑并且有较好的透气性和退让性。最后，捏塑四个实心耳安在鼓耳的

部位。

2. 翻外范：先在泥模型鼓表面涂以牛油，防止粘连，然后分块（面范一块、身范两块或面范一块、身范四块）敷以细泥料和掺加草盘、麻丝等粗泥料，形成外范，在外范上按设计留好浇口，拆开外范后在范面刻印花纹。

3. 做芯范（内模）：鼓芯范是由泥模型鼓减薄而成，其做法是在泥模型鼓身嵌入一定数量的铜芯垫，然后按芯垫印痕厚度刮去一层泥料，并磨光即成。

4. 合范：第一种是鼓面向上的合范；第二种是足沿向上的合范。合范后，用泥把各条范缝封严，并以绳索把整个范绑扎紧，经低温烘烤，使泥范中的水分蒸发，干透硬化。

5. 浇注：先将鼓范以火烘烤预热，温度达 600℃左右，然后从鼓面中央或足沿的浇口杯内注入合金熔液，使之进入型腔。

6. 拆范及整理：浇注之后，待温度冷却后，即可拆开外范，取出内范。锯凿掉浇冒口，清除内外壁上的泥料，修饰花纹图案及立体装饰物，使铜鼓表面光滑，花纹清晰。

7. 定音：铜鼓作为乐器，对音响有一定要求，必须请专门鼓师进行调音，调音合格后，才可以使用。

矢蜡法的具体制作工序是：

1. 做芯范：先做一木模型鼓为底衬，敷以粗细两层泥料，用刮板做成芯范。

2. 做蜡模：首先在芯范上敷蜡并按设计厚度均匀地刮平，然后在蜡面上制花，形成与铜鼓一样的蜡模型鼓。

3. 制外范：把细泥敷在蜡模上做外范，各块都要均匀填实，以保证铸型轮廓和花纹的清晰，又在细泥外敷上一层粗泥料以增加强度。制范时注意在鼓面中心的太阳光体处留出浇口，在蛙的眼位穿出气孔，在足沿留出蜡口，使外范成为一个浑然一体的完整铸范。

4. 化蜡：用小火烘烤化蜡，蜡从足沿出蜡口流出后空出型腔，这就形成了浇铸鼓体的空间。

5. 浇注、拆范和修整：与泥型合范法基本相同，注意的是在拆范时要特别小心留意，以免损伤了立体造型装饰。拆范修整后便可完成了铜鼓的制造工序。当然，在投入使用前也是必须经过专门鼓师进行调音。

有铜鼓学者专家根据古代铜鼓在铸造时于铜鼓表面遗留的痕迹，对铜鼓的铸造工艺进行了分析，发现制范面的泥料是经过研磨、筛选或淘洗的细泥配制成的，而且大多数铜鼓暴露有芯垫。进一步发现冷水冲型、北流型、灵山型等均是采用方形芯垫；冷水冲型、北流型和灵山型鼓的绝大多数的鼓身两侧各有一条合范缝；大多数冷水冲型浇口设在鼓侧的范缝上，属缝隙式浇注，使青铜合金熔液沿着铸型自下而上通过缝隙浇口由两面注入型腔，浇筑过程中液流平稳、充填迅速。再根据对铜鼓镶嵌痕迹的分析，可知铜鼓的立体蛙饰和其他饰物以及一部分鼓耳应是单个失蜡法铸造的，然后再将这些装饰与鼓身进行结合，所以属于用多块范组合的浑铸法，使它铸接到鼓体上去。

从铜鼓的蕴含内涵因素方面来看，对于古代的壮族人民来说，铜鼓是一件重器，相当于中原汉族的鼎的地位，它在壮族人民的心目中是非常神圣的。它是权力和财富的象征重器，只有部落首领或寨主的头人才拥有铜鼓。《隋书·地理志》说道："有鼓者号为都老，群情推服。""都老"是壮语"老者"的意思，意译为"头人"。壮族铜鼓传说《铜鼓老祖包登》中说，壮族的重甲人把铜鼓尊奉为保护神，把包登尊奉为波掌——世界上的大能人。每个重甲人的村子里，都有一名包登，专为人们求神问卜，消灾免难、驱邪捉鬼。凡是做包登的人家里，都供有这种象征着地位、权力的一面铜鼓。

追溯壮族铜鼓的历史可得知，其只有在战争、节庆、祭祀等重大仪式上才能使用，凡此种种均反映了壮族之铜鼓使用的重要性以及内涵的特性。但是随着时间的推移以及世事的变迁，这些地区部落首领地位的逐渐衰弱，铜鼓不再为权贵专有，而作为乐器的功能日益突出。

在广西少数民族地区，铜鼓作为主要的乐器和舞蹈是难以分开的，乐舞是古时人们节庆、祭祀仪式的主要内容，壮族先民每逢节日庆典和祭祀仪式都是跳铜鼓舞。这些除了在民间流传外，广西左江花山崖画也可佐证。花山崖画上就绘有壮族先民跳铜鼓的舞敬神的祭祀场面。在壮族历史的代代相传中有许多关于铜鼓的传说故事，壮家人每逢亲人过世时就跳铜鼓舞，这就是壮族在丧葬时敲铜鼓跳铜鼓舞以祭死者灵魂习俗的反映。五代词人孙光宪在一首《菩萨蛮》中写道："木棉花映丛祠小，越禽声里春光晓。铜鼓与蛮歌，南人祈赛多。客帆风正急，茜袖偎墙立。极浦几回头，烟波无限愁。"诗词生动逼真地描绘出南国风光，描写的正是我们广西西南一带在木棉花开的早春，少数民族敲击铜鼓载歌载舞发出阵阵鼓歌欢声，人们舞蹈祭神祈福求平安，具有浓厚的生活气息。

如今铜鼓舞仍然流行于壮族民间，只是它的祭祀功能已经衰退，而慢慢地走向了平民化，尤其是到了今天更多的是娱乐性了。

在大新县也有许多关于铜鼓的故事传说，当然主要是那些抗击交趾军队侵略的故事。在大新有不少的铜鼓出土记载：1939 年于硕龙隘江村岜乾屯、1952 年在万礼村逐克屯、1954 年在雷平镇、1970 年在下雷镇仁惠村、1991 年在昌明乡、1993 年在桃城镇大岭村均有不同时代铸造的铜鼓出土。据有关专家考证，它们的铸造年代基本是在东汉至南北朝之间。这些出土的铜鼓实物大小不一，而且都属于冷水冲型。由于时代的原因以及农民的无知，大多数都没有得到很好的保护，甚至被当做废铜烂铁卖到供销社，以换取一些食盐、酱油等日常的生活调料品。至今唯有两个铜鼓得到比较好的保护，一是被广西壮族自治区博物馆收藏，另一个收藏于大新县博物馆。

在 20 世纪大新有几面铜鼓出土发现的记载及传说：1952

年在万礼村逐克屯，农民方奇德在该屯西北面的山岭上耕作时发现一面铜鼓。该铜鼓出土时鼓面朝下，鼓足朝上。鼓面直径约 60cm，高约 45cm，重约 25kg，据考证其铸造年代应在东汉至南北朝年间。但是在 1960 年出于生活所迫，方家把鼓足及鼓面上两只铜蛙敲下，拿到供销社里当做废铜卖掉。1970 年在下雷镇仁惠村，农民廖洪强在村西边山坡地挖掘野薯时挖到一面铜鼓，该鼓鼓面直径约 80cm，鼓面近边沿处有铜蛙四只，按顺时针方向环列。鼓体完好无损，重 60 多斤。据他本人说曾把铜鼓翻过来当水缸用，可盛四担水。同样因为生活困难廖洪强还是把铜鼓拿到供销社当做废铜烂铁卖掉。1954 年在雷平镇振武街，黄文瑞在镇的南边坡地上耕作时挖到一面铜鼓。该鼓出土时鼓面朝下、鼓足朝上，鼓面直径 64cm。此铜鼓的种类与上面的两只鼓一样，都属于冷水冲型。其命运有所不同的是，此铜鼓得以保存在广西壮族自治区博物馆，得到一个好归宿。1970 年下雷镇仁惠村百所生产队社员在岭坡上劳动时挖到一面铜鼓，那个时候是集体化时期，谁也不敢拿回家，留在生产队里也当不了饭吃，更没有人把这玩意儿当做宝贝看待，最后也卖到下雷镇的供销社。1993 年在桃城镇大岭村，村民挖掘到一面铜鼓，这个时候毕竟是改革开放以后的年代，所以这面铜鼓就得以收藏在大新县博物馆了。

第十节　岜字山

在恩城乡有座海拔为 480m 的岜字山，在壮语中"岜"是山的意思。此山虽然不是很高但它绝对不是一座普通的山，它是大新也是桂西南左右江流域中极其难得的一座富有文化气息的宝山。所谓"岜字山"就是刻有文字的山。

这岜字山摩崖石壁的山脚下，据考证那一片平坦的已经种植庄稼的田园是曾经的恩城州城所在地，衙门、牢房、驿站等就在眼下这区域。时间跨度从南宋之后到清朝初期之间，后来不知曾经发生什么缘故，衙门搬迁到现在的恩城岛上去了，当年徐霞客就是从恩城河老水坝那里走到这边来投宿的。

在岜字山北面崖壁有不高的斜坡，斜坡呈东西走向，约500 多米长，在这面积约有 10000 多平方米的崖壁上，题刻有元、明、清时代的各个恩城土司和汉人官员、文人墨客的石刻诗文、题词、摩崖石刻造像、画像等数百处。这些宝贝经历数百年风吹日晒、雨水冲刷，大部分已经模糊不清，如今只有一小部分还能依稀可辨。就在崖壁的上方有几个已经褪色的朱红大字"山城峒X"。而它下面从左至右的许多诗文现在已经难以辨读了。

沿着这一路斜坡前行有着茂密的竹林遮阴，这里即便是夏天正午也都是凉风习习，所以在崖壁上能够见到古人题词：清凉峒。行进中抬头观看那些千奇百怪倒挂的石笋、刀削一般的巨石断面，绝对让你遐浮想联翩，也是一种不错的享受。

在整个靠近中间的位置有个叫"月台"的景点，这上面有一首诗词，而它的题目是什么？曾经有人念作"老屋"；也有人看做"有卷"。然而，懂书法的朋友一看就知这是叫：月台。这里当年就是文人墨客在此煮茗、品酒、吟诗、赏月、弄花的地方。就是在这么一个地方，古人留下的诗词足有

几十篇。遗憾的是由于年代久远，岁月风化的痕迹使许多诗句已经无法辨认了，这是一个极大的遗憾。

再往前走就是岜字山文化的精华区域。此处抬头可见几处画面清晰的画像，其中有八神之一的吕洞宾腾云驾雾的画像，还有扬帆的小船以及儿童人物等画像，这些是清代壶城（今崇左市）的文人陈才的作品。

在这里除了画像还有元代和明代的诗词石刻，这些是历代的土司们的作品，主要是从明初的赵斗清开始直至赵雄杰、赵福惠、赵芳声等十多代之间，他们在此留下了许多题词、诗文、碑刻、记事文等石刻文物。

比如这一首，刻的是大元至正九年（1350 年）闰七月廿四日有路官军兵围州城的诗句：

> 戈甲相持对垒围，旗开金鼓震如雷。
> 城池坚闭关难破，山寨高悬峰未摧。
> 心上文韬论军政，胸中武略使兵回。
> 从今州治平安兆，相业中兴民物归。

这一首是明洪武元年土司赵斗清游岩题吟：

> 一旦天开袭祖城，囚机说略治民平。
> 日后衣锦规模壮，身佩天恩世世兴。

又谈古风意曰：

> 龙州流倚未清平，衣锦规模快活城。
> 闲步游岩逢古字，顿笔岩前重别成。
> 恩城世代文官现，举笔成章透上清。
> 入木三分未为重，兰亭柱上七分兴。

再往前看还有土司赵福惠的诗词：

> 遗迹存形在后岩，留名千古子孙看。

愿惟地久天长永，保守宗基若大山。

明代天顺八年（1465 年）十二月十一日致仕知州赵福惠题。有意思的是就和这首诗刻在一起的，一位叫蓝浩的诗人和了一首：

暇日登临玩后岩，许多光景可人看。
大战五马诸侯迹，耿耿遗留在郡山。

这诗有明显的吹捧拍马之虞，想必是得到了土司家的好处而帮着和附溜须之作。

另外，此处还有雕刻手掌、脚掌各一只。两个均为阴刻：手掌模印就在诗文的右边，掌宽 10cm，长 17.5cm。在下面的一石头上，就是一只脚板模印，脚板宽 10cm 长 15cm。在这文化匮乏而荒芜的边疆，这一手掌、一脚板的模印，无疑是了不起的艺术创作，可作为宝贵的历史文化

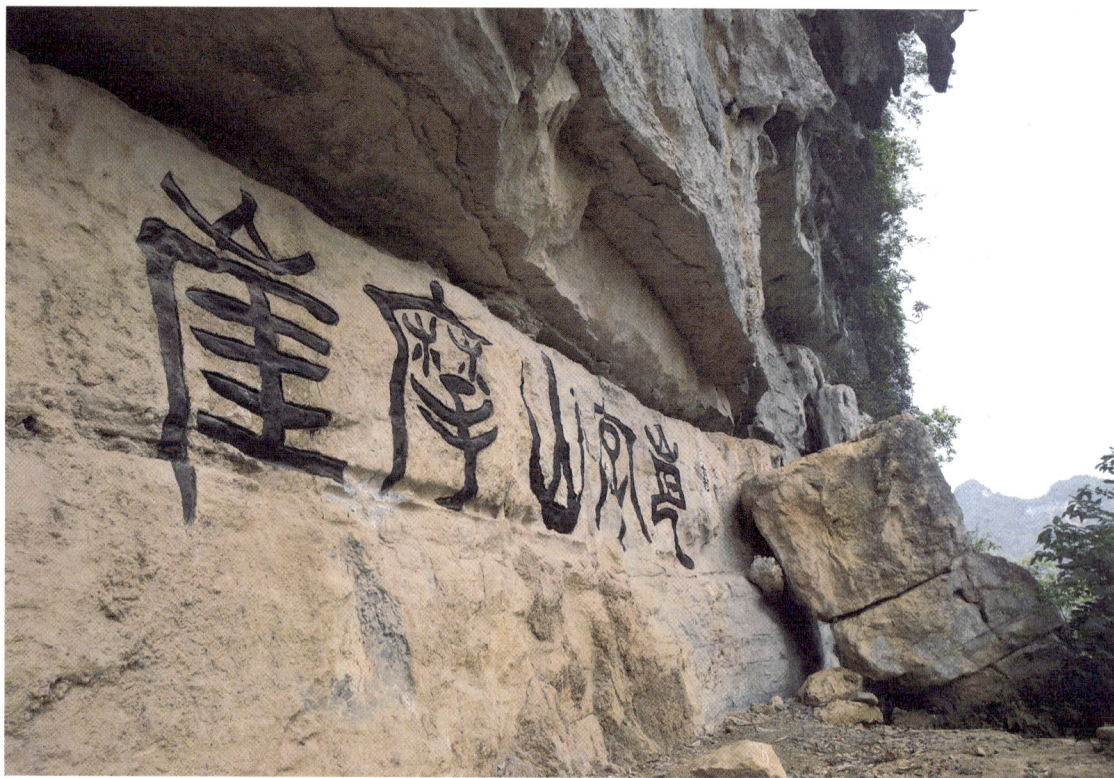

图 4-31 恩城芭字山摩崖石刻遗址（孙舟摄影）

遗产了。至于它的来历有两个传说：一个说是土司本人的手印、脚印。另一个说是土司最爱的女人的手印、脚印。这些均没有任何资料佐证，来这里考察、旅游的文人、游客都是只有争议而无定论。这也可以是一个悬念，留下较大的遐想空间，任由后人去想象、去书写吧，或许这又成为一个乐趣啦。

在这个地方同时还有两块不知何时何人所题的字，一是"长寿岩"；另一块在旁边的洞中的"清凉峒"，字迹苍劲有力。在另外一处的崖壁上1.5m高的位置，现在还残留有已遭风化模糊不清的几首古诗。经过本地专家的多次考证，逐字逐句艰难将它们组合出来，发现其中有一首是明代万历年间写的诗，作者为安平州土司李明峦。可以想象，当年他们肯定是在这里饮酒作诗，互相唱和而留下的诗篇。

遥想当年地方官员、文人骚客们那么亲近这些真山真水，惬意地荡漾在原生态的山水中，他们在其中得到人生的思考，得到思想的感悟，进而到意识的升华。在自然中历练，与自然共通、共荣。这就是中华民族最为淳朴的人生观与自然观，是一种人性的回归，一种价值取向，也是一种人生的态度！纵观我们人类的发展史，人与自然的关系是渐行渐远，甚至是人类只有拼命地向自然索取……这样的现象问题到底出在哪儿了？是人类的自以为是，还是物质丰富、生活提高了以后对自然的不屑？或者是各种信息量太大、各种诱惑力太多的顾此失彼？人类与自然从当初的相依为命，到相辅相成，乃至于人类的成长完全得益于大自然的庇护。而今天，人类与自然的关系走的却是一条完全相反的道路，如果往后还是照此前行，人类的前途将会是一片暗淡（图4-31、图4-32）。

图4-32 邑字山摩崖石壁上的长寿岩石刻（孙舟摄影）

第十一节　摩斗台

位于恩城中学后面的山脚下有一个著名的山洞——摩斗台，也叫聚仙岩，又名会仙岩，还有另一名称：灵岩。

摩斗台洞口朝向北面，岩洞高度 30m，宽度约 5m，纵深有 15m。据说洞内原塑有大士、花王、豆娘、韦陀和十八罗汉的塑像。在 20 世纪 50 年代遭到破坏。现重塑有观音三姐妹佛像，姐姐居正中，两旁是送子观音和豆娘。在洞口上方崖壁，有两个正楷大字：灵岩。曾经有两位专家考察摩斗台洞时，对"灵岩"这两个遒劲的字体赞不绝口，赞扬书法功底深厚！因为字体太高，无法更深入考究，以至于是何人何时所题不得而知。

摩斗台岩洞地面比较平坦，而且岩洞也靠近山脚，交通方便，历史上应该是古人生活居住的好地方，后来成为了烧香祭祀的庙宇。至于什么时候开始成为佛教圣地？因没有记载就很难有准确的判断了，当然要想知道大概的时间也只能推测是在佛教传到边陲之后的时间了。庙宇的修建，按照大新现有资料记载：系清嘉庆十一年（1806 年）由恩城知县赵凤池修建。现有赵凤池撰写的碑文为证：

余于甲子冬，奉命来守斯土，敢曰爱民如子，弟欲务民义、敬鬼神，以保佑一邑士庶漫炽漫昌而已。公余之暇，乘兴采凤，见州之左石壁中悬一洞，询诸父老，金曰：此聚星岩也。前土官欲修而不果，余往观之，胜景不减西湖。惜其不塑神像为缺。余思夫神，民之主也，神之所栖，即民之所安。于是捐廉俸、雇工匠中塑大士，左花王，右豆娘。石崖之上，立十八罗汉，面对韦陀使者。修完告竣，并易其洞颜曰"聚仙岩"。自兹以往，阖邑士民，均赖神灵默为获庇，永佑康宁。因勒石记事，以垂不朽云。

　　　　　　古鲁东原知恩城分县赵凤池谨题
　　　　　　大清嘉庆十一年四月初一日立

经过有关文物专家仔细考察发现，最早刻在崖壁上的诗词，是在明万历年间题写的。经本地专家对这些诗词进行艰苦反复的比照考证，最终编汇了洞中残留的十五首诗词：其中前期的诗词是恩城土司的作品，后期的诗词是改土归流后汉人流官留下的作品。考察中还发现有趣的事情：有个胡姓官员前来恩城上任期间，在天气晴朗、春光明媚的一天，全家人兴趣盎然踏青到此，在欣赏这美丽的自然田园风光时，他们诗兴大发分别赋云了几首诗词，其中才十二岁的儿子也写了一首，而且文采飞扬、意境优美，这可以说是在大新至今发现的历史文化遗产中最年轻的诗人的作品了。

第十二节 翠山自然与人文景观

翠山石刻是在今恩城街小灵珑广场后面的小石山上面，离现乡政府大院（原来土司衙门）300m 左右。这恩城乡政府驻地四面环水，是恩城河到了这里突然分叉形成两条河道，把此地围合成了一个大型的岛屿。恩城河绕岛而过，入岛有两桥东西各一座。恩城岛竹丛掩碧水，跌水声淙淙。岛上有小玲珑山、扁桃古树、土司衙门遗址等自然人文景观，周围还有九峰山汉岩画，元明字山石刻和造像等古迹。这壮乡的宝岛生得实在奇妙——岛上非常平坦而适合人居。而更奇妙的是在岛屿中央的位置一座只有 10m 高的天然石山拔地而起，其名翠山。这翠山有大小不一的岩石垒叠着，上山的道路蜿蜒曲折，只见那山石突兀、怪石嶙峋，这些天然的巨石任由老天给叠成了一个大盆景。翠山岩石间生长着丰富的绿色植物和藤条，各种灌木、乔木很有层次、节奏地生长着，竹林穿插其中，让翠山增添了几分园林的味道。站在翠山顶上，看着脚下形态各异的岩石，眼前那一丛丛树木竹林，舒展的枝条在阳光的映射下金光闪烁，在阵阵山风里摇曳轻晃。从山巅放望去，四周大山青翠蜿蜒，河流阡陌纵横交错。所有的一切具有巧夺天工、如同天上人间之美轮美奂的自然景观，为恩城岛增色添彩。在这里你可以静静地欣赏连绵的山峦，耳听鸟叫虫鸣，此时只觉得人与山、树、草融为一体，深深地感受那与天地自然和谐有致地融入恩城悠悠的乡情、乡愁之韵律。

关于此座翠山听老人们传说：这里从前是赵家土司衙门的后花园，是供他们家女人、小姐们嬉闹玩乐的地方，所有男人们必须驻步，不可涉足此地。在这翠山岩石下面有一个弯弯曲曲的山洞，此乃供小姐们游戏玩耍的场所。

随着时代的更迭，当年仅供达官贵人、千金小姐们玩耍消遣之宝地，现在任由普通百姓来观赏游玩了。当我们沿着蜿蜒小道登临翠山欣赏时，一路绿树成荫，进入到里面发现此山外表平常而里面精彩无限……首先映入眼帘的是自

然天成的一块巨石架在一块小立石上，形成了一道鬼斧神工的山门，在山门左边是个长 5m、宽 2m 的岩洞，宛如一个"会客厅"，"会客厅"的右面是没有岩石封闭的"大

图 4-33 翠山山门险境中突显仙境

图 4-34 翠山的天然会客厅

图4-35　会客厅的天窗与对面景象遥相呼应

图4-36　翠山之道险景胜处

窗口",这窗口就承担起了自然采光、通风的功能,同时也起到与对面的过道及山体形成空间交流或者是相互观景的作用。从"会客厅"往下走是一个山洞,也就是另外一个游戏玩耍的场所。在山门的右边就是上翠山顶的主要通道,道路拐个弯又是一番景象且是与"会客厅"遥相呼应,此处往"会客厅"方向看或回头看山门方向都是一道道别致的景象。沿着道路往前,登上一块大岩石,又是另一番景观。翠山这个自然中的花园可以说是移步一景,充分体现了中国园林的造园精髓(图4-33～图4-37)。

欣赏完翠山的自然景观,让我们再好好感受翠山的人文景观。此山好几处留有书法文字,都是改土归流的汉人流官文人骚客留下的墨宝,就在山门的岩石壁上留有"小灵珑"三个隶体书法,字体圆润而文质彬彬,而将翠山称为"小灵珑"这无疑增加了此地此山可赏可游可玩的历史文化气息。"小灵珑"每字大小为13cm见方,此书法是当年太平知府前来崇善县恩城分县巡边视察工作时所题(图4-38)。

下面就一一来感受翠山的人文景观吧,首先在山门石壁上所题文字为:小灵珑,乙酉冬月巡视,恩城憩葩翠山,曲江高令属题,郡守查克檀。

再往里数米在崖壁上刻有《山也清闲》的石刻文字:

癸巳春王月,山也清闲。
山本清闲。何为颜以清闲?予曰:不然,窃见天下名山,造物钟灵(毓)秀于大邦,名贤游览标题状况。今兹硝石磷磷,叠成芭翠奇巅。藏于深山中,高人达士殊迹焉。毋众山爱此清闲,不求闻达于人乎?山静象也,仁者乐山,惟静故寿。天故生此清闲之山,适肖范斯士者之清闲。两相辉映,于永久云(图4-39)。

继续往上行走,那绝壁最高处的一块摩崖石刻,是太平府知府查礼所题的一首长诗。查礼,乃清代中叶著名的大诗人大书法家,他在1754年至1759年来到边疆太平府任知府。6年之后,他的老乡查克檀也来边地当了知府。他们俩都是顺天府宛平县人(今属北京市)(图4-40)。

在这翠山的山脚下有一荷塘,荷塘两边各有建筑:一边是水上戏台,一边是土司家人观戏的廊亭。这里的翠山、诗词、荷塘、戏台、廊亭是那么的协调而般配,俨然是天然之作,人文融入。此处处静谧中畅享文化,戏曲中充溢荷香,充分诠释了中国传统的生活取向及人生态度(图4-41)。

图4-37　移步异景的翠山天成之作

图 4-38　圆润沉稳的分书字体

图 4-39　山也清闲就是对此山此境的高度颂扬

图 4-40　摩崖石刻是太平府知府查礼所题的一首长诗

图 4-41　荷塘与水上戏台

第十三节　恩城自然保护区

恩城这块充满活力又美丽的土地不但是适宜人类休养生息、旅游休闲的境地，也是各种动物繁衍、植物物种生长得天独厚的家园。恩城自然保护区是少有的天然动植物园，是丰富的动植物基因库，更是濒危物种的"仓库"——珍稀动物自然保护区。从 1980 年设立县级自然保护区以来，各种珍稀动物得到严令禁止捕猎，并加强保护管理，而今已升格成为国家级的自然保护区。

恩城野生珍贵动物自然保护区管辖范围总面积约 32 万亩。保护区以恩城乡的维新、六榜、新合、恩城、和平、如龙、护国七个村为主，同时还有榄圩乡康谭、新球、正隆三个村以及那岭乡的弄贺村。整个保护区内，都是喀斯特结构特征，均为一片片峰林谷地的岩溶地貌。山峰高度在海拔 400～600m 之间。重峦叠嶂悬崖峭壁，到处溶洞遍布，洞内钟乳石千姿百态。漫山遍野的植被以亚热带常绿阔叶林为主，植物生长茂盛，四季常青，十分适宜野生动物栖息。保护区动物资源丰富，除了已绝迹的虎、豹等动物，其他许多珍贵的华南动物都能找到踪迹：国家一级保护的珍稀动物有黑叶猴、熊猴；国家二级保护的动物有猕猴、短尾猴、冠斑犀鸟、大灵猫、白鹇、原鸡、蛤蚧、林麝、巨松鼠等。其中，黑叶猴、冠斑犀鸟和猕猴的数量较多。恩城野生珍贵动物自然保护区是国家开展科学研究的重要基地之一。特别值得一提的是保护区内发现有白变的动物，如全白的黑叶猴、全白的短尾猴等，这又加大了科学研究的内涵。同时，其他经济动物还有豹猫、猪獾、鼬獾、树鼩、鹧鸪等，所有这些构成了天然的丰富多样、精彩无限的动物世界。

保护区内还蕴藏着丰富的植物资源，当地的原生植被为北热带石灰岩季节性雨林，建群种或共建群种为蚬木、金丝李。保护区内生长着上千种植物，更是有稀世珍宝属山茶科金花茶，以及自然生长的许多珍贵的树种和中草药。蚬木、金丝李为国家一级保护植物，"金花茶"被誉为"植物界大熊猫"，具有极高的观赏性和重要的科研价值，国外称之为神奇的东方魔茶、"茶族皇后"。因此，保护区也为国家对原生植物的研究提供了重要的活化资源。但是长期以来，由于当地居民出于生活或者经济等方面的原因，加上没有严格的管理，目前已有不少阳性树种入侵，变成了次生林。现在常见的树种有香棒、枫香、火麻树、秋枫、酸枣、海南浦桃、假水石梓、翻白叶树，还有肥牛树、假苹婆、沙皮树、青檀、樟树、桄榔等。总而言之，恩城自然保护区具有丰富珍稀的动植物资源，同时自然生态景观也是多姿多彩、美轮美奂，山间河流纵横，村庄错落，风光旖旎，完全可以称得上如同陶渊明笔下的桃花源仙境。这些难得的珍贵资源均值得我们严格地守护，慎重地开发。

第十四节　本土植被

在大新县境内植被丰富，乔木、灌木物种多样，颇具本土地域特色且具珍贵保护价值，有的具有观赏性，有兼有较高的观赏与药用、保健等多功效集于一身的品种，如金银花和山茶花等，下面选择几种进行介绍。

1. 木棉花

木棉树为落叶大乔木，树高可达 30 多米。树干直立，有明显瘤刺；掌状复叶互生，叶柄很长。木棉树又称为英雄树、红棉、攀枝花等，树干的基部密布瘤刺，从而防止动物的侵害。木棉树早春其叶未长而先开花，花簇生于枝端，花冠红色或橙红色，花瓣有 5 瓣，直径约 12cm，椭圆状倒卵形，长约 9cm，外弯边缘内卷，两面均被星状柔毛。木棉树的蒴果甚大，呈长圆形，果长有 15cm，成熟后会自动裂开，里头充满了棉絮，棉毛可做枕头、棉被、十字绣棉花等填充材料。据相关资料记载，最早将木棉称之为"英雄"的应该是清代诗人陈恭尹，他在《木棉化歌》中用一句"浓须大面好英雄，壮气高冠何落落"来形容木棉花。木棉外观多变化，春天时，一树橙红；夏天绿叶成荫；秋天枝叶萧瑟；冬天秃枝寒树，花落而被棉絮所取代，四季展现不同的风情，令人赞叹。

在上中学的时候曾经学过一篇散文，其文这样写道："我必须是你近旁的一株木棉，作为树的形象和你站在一起。根，紧握在地下；叶，相触在云里。每一阵风过，我们都互相致意，但没有人听懂我们的言语。你有你的铜枝铁干，像刀、像剑、也像戟，我有我的红硕花朵，像沉重的叹息，又像英勇的火炬"。是的，这就是舒婷的《致橡树》，她让几代人知道了木棉，赞礼了木棉崇高的象征。

每当春天来临，地处祖国西南的边陲到处都是木棉花开，漫山遍野亭亭"屹"立，盛开的木棉花让人印象深刻，那花开的状态用红红火火和轰轰烈烈两个词来形容最贴切。想象中的木棉花，是一般灌木类的娇艳花草，应该也像多数花朵类的树一样，树体矮小，主干低矮或是不明显，但当亲眼看到后才知道，木棉居然是乔木类的，无法与花来关联。木棉树干很粗，笔直高硕，上面的花也很大，刚绽放的木棉花花蕊笔直挺拔，就连每一株木棉树枝头上结有的一朵朵花苞都有拳头那般大小，可想而知盛开的木棉花有多么的硕大红艳。而且木棉花开的时候，树枝干是没有任何叶子的，只有满树火红的花朵，诠释出了木棉花的另一树名——英雄花！

而在大新，由于纬度更低，天气更暖，亚热带季风气候也更加典型，所以木棉花自然盛开得也是更加红艳。每年的 3、4 月，有时可能更早一点，黑水河河畔就会到处盛开着红艳艳的英雄花，伴随着此起彼伏的声声鹧鸪鸣叫，给人们带来了春天的信息。在漫山遍野的绿色中，木棉花却是以对比色的大红颜色热烈地盛开，让人感到不可思议而又为之振奋。

如此火红的木棉英雄之花，让人也不禁想起了那些有着红色面容、红色胸襟、红色理想的保卫国家安全统一的红色英雄们！所以，木棉花也经常可以在一些烈士陵园里用来缅怀那些英雄们（图 4-42、图 4 43）。

2. 蚬木

蚬木，属于常绿大乔木，是国家一级保护植物。主要分布在我国广西和云南部分海拔 700～900m 的热带石灰岩山地区。它主要分布在广西南部，尤其是以大新为中心，一路向西延伸到云南东南部石灰岩地区，向北越过北回归线而逐渐消失，它是北热带原生性的石灰岩季节性雨林的建群种之一。蚬木具有深长广展盘旋于岩面石缝的根系，

图 4-42　大新处处都是木棉树

以适应水肥分散的石隙生境。幼树 5～6 年以前属于阴生，10 年以上在全光照下才能正常生长发育，生长速度中等偏慢，树高、胸径的连年生长高峰来临较迟，分别出现在 15、30 龄阶。45 龄的林木高约 25m，胸径有 30cm 左右。林木成年来临较迟，一般在 25 年以后，而栽培的孤立木 15 年即开花。是热带石灰岩地区的特有植物，有较重要的研究价值。蚬木的材质致密，坚重，入水即沉，硬如钢铁，敲击可发出金属一样的铿锵声。砍伐、加工都十分困难，甚至钉子也钉不进去，可以说是"刀枪不入"的钢铁木材。蚬木之所以这样坚硬，除了本身生长十分缓慢、纹理致密外，还由于它多生于石灰岩山地。为了吸取养分，它的树根深深地扎进岩缝中，吸收了许多钙质矿物而聚集在木质中，因而变得格外坚硬。蚬木的木材色泽红润，不弯曲，不开裂，耐水耐腐，是高级的优质木材。蚬木的纹理还有一个独特的特点，在树木的横断面上，年轮一边宽一边窄，形状酷似蚬壳上的纹理，所以称为"蚬木"。

蚬木木材坚重，结构均匀，纹理美观。干缩性小，抗压、抗剪强度高，韧性大，耐腐性强，防虫性好，可塑性大，透水性低，易上油漆。为用于船舶、水工、车辆、特种建筑、高级家具、机械垫木、木制车轴、手工刨床、机械、特种

图 4-43　河道上也会长出木棉树

建筑和制船的珍贵用材。除此之外还是当地居民作为砧板的好材料。

在大新德天瀑布景区的越南商品一条街可以看到很多卖蚬木菜板的，当地俗称砧板。蚬木因木质坚硬，结构紧密，韧性强，耐腐蚀、无虫蛀，有木中之王的美称，所以人们才用蚬木进行径切制成了砧板，通常蚬木砧板多采用圆形，直径一般在 33～42cm，厚度在 4cm 左右。砧板色泽红润，平滑如镜，木纹坚细，即使用利刃斩剁，也不见刀痕，因而被誉为厨具中的珍品。

广西壮族自治区的蚬木主要分布在桂西南一带。据考察，目前在广西地区幸存下来的千年以上的蚬木仅有三株，而大新就有一株。大新的这株千年以上的蚬木位于大新县硕龙镇门村门屯的山坡上。树高 41m，树根以上直径达到 3.2m。树体基部稍有空心，露出地面周边长达 10 余米的盘根，稳固地支撑着这株千年巨蚬旺盛地生长，这棵蚬木也是当今直径最大的古蚬木，另外两棵千年以上的蚬木分别在龙州和隆安两个县辖区域中（图 4-44）。

3. 龙眼树

龙眼树属常绿乔木，成年树高达 30m 左右，胸径可达 1m，板状根较明显；树皮黄褐色，粗糙，薄片状脱落。偶数羽状复叶，互生，长 15～30cm；圆锥花序顶生和腋生，花杂性，簇生，黄白色；果核果状，球形，果皮干时脆壳质，不开裂；球形果核为褐黑色，有光泽，为肉质假种皮所包围。龙眼树为喜光树种，幼苗可荫蔽阴生，壮龄树需充分阳光。天然更新良好，属深根性树种，能在干旱、瘦瘠土壤上扎根生长。萌芽生长力强，被采伐迹地或火烧迹地的树桩均能迅速萌芽更新，但自然生长较慢。野生的龙眼树是很有价值的种质资源，其木材结构细致坚重，极耐腐、不受虫蛀，为工业强材，

图 4-44 一千五百多年的蚬木王

适作车、船、桥梁、水工、家具等用材（图 4-45）。

龙眼果实可食，一般是每年 3、4 月开花，7、8 月果熟，当然也有大年小年之分。龙眼为中国南方水果，多产于两广地区，与荔枝、香蕉、菠萝同为华南四大珍果。成熟季节果实累累而坠，外形圆滚，如弹丸却略小于荔枝，皮青褐色。去皮则晶莹剔透偏浆白，隐约可见内里红黑色果核，极似龙的眼珠，故以"龙眼"名之。

当你来到大新，如果刚好在龙眼成熟的季节，那就更有口福了。宋朝时期文学家苏轼曾在《惠州一绝》中写道"日啖荔枝三百颗，不辞长作岭南人"，当我们尝一颗大新的龙眼，就不禁会想要把诗句改成"日啖龙眼三百颗，不辞长作大新人"了。大新县龙眼栽培历史悠久，是全国六大龙眼生产基地县之一。大新龙眼以果大、肉厚、味道甘甜、数量多、产量高而驰名区内外，畅销内地、港澳、东南亚，多年来均供不应求。荣获"2001 年中国北京国际农业博览会名牌产品称号"。

龙眼在大新有着悠久的栽培历史，百年树龄以上的龙眼树随处可见。在大新县的桃城镇有一株龙眼树有三、四百岁了，还被载入了《中国龙眼志》。据有关资料记载，栽培史近千年以上，且品质上乘，素有"龙眼之乡"之美称，1986 年大新县被定为第一批全国"六大龙眼基地县"之一，2001 年大新龙眼参加北京农业国际博览会荣获名牌产品称号。大新龙眼因果大核小、肉厚香甜、清脆爽口而驰名区内外，所产龙眼及加工产品远销区内外甚至销往美国等国家。近几年来，大新县致力于实施龙眼"优果工程"，优化品种结构，采用无公害生产栽培技术，龙眼产量和品质有了很大的提高。2005 年大新县龙眼生产基地经自治区农业厅批准，取得创建无公害水果示范基地县资格。目前，全县龙眼种植面积达 16.1 万亩，其中石硖、储良、大乌园等龙眼面积 13 万亩，占种植面积的 82%。主要品种有石硖、储良、大乌圆、广眼、福眼、本地实生龙眼等，果肉白色透明、香浓味甜、核细，可以鲜食或加工成桂圆干、桂圆肉。目前，大新龙眼主要的加工成品有桂圆干、桂圆肉、桂圆糕、桂圆酒等，大新龙眼成熟期在 8 月中下旬至 10 月上旬。

大新县从 2004 年起每年都在龙眼收获季节举办龙眼节，至今已成功举办十五届。通过举办龙眼节进一步提高了大新龙眼知名度，树立了品牌意识，龙眼产、供、销达到了更高层次。龙眼自然而然是大新的特产水果，也即大新的拳头产品。自 2004 年以来连续成功举办的"龙眼品种优质评比暨品牌推介会"更是让大新打出了"大新龙眼"品牌，扩大了"大新龙眼"的影响力，使大新县的龙眼全国有名。每年这个盛会上，有很多国内外的很多商人、游人聚集于此采购龙眼、品尝龙眼。在这瓜果飘香的甜蜜季节的大新龙眼总是果大、肉厚、味道甘甜，因此不仅仅销往祖国内陆各地，甚至还远销到我国港澳地区和东南亚各国。近几年来随着国家的一带一路的倡议，更是让大新的龙眼迎来了供不应求的盛况。

图 4-45 具有几十年树龄的龙眼树根须苍劲，枝干形态美观

第十五节　民俗体育活动

大新壮族传统民间娱乐体育种类较多，比较著名的有慕西（舞狮）、跳桌、扣斗（棍棒对斗）、得巷（打陀螺）、得尺（打尺寸）、佛体他（荡秋千）、得燕（女子打飞燕）、宝圩观音节民众比射击、抢花炮等，其中最盛大的是狮子登山、跳桌和"扣斗"。这些壮民族传统体育集观赏、健身、保健、医疗、疗养于一体，是一种极具魅力的旅游资源，既有民族特色，又有时代记印。当然这当中还有不少是曾经的儿童娱乐项目，比如"得尺（打尺）""赛央央（斗蜗牛）""赛喵喵（打转盘）"等，这些都是当年伴随儿童们成长的趣味娱乐活动。

1. 慕西（舞狮）

慕西（舞狮）是很重要的中国民俗传统，认为舞狮可以驱邪辟鬼纳福。大新本土的慕西（舞狮）基本就是南狮一路，狮头的造型是非常拟人化的卡通形象，狮头是以戏曲面谱作为参考借鉴，色彩艳丽有红、黄、黑色的颜色，寓意刘备、关羽、张飞。舞狮表演有一定的套路动作，在表演含义、用具摆设、表演方法上也都是有程式的。特定的步型、步法、动作，舞狮在表演狮的各种高难度、惊险动作时，要求狮头、狮尾的舞者配合默契，做到天衣无缝。步型有弓步、马步、丁步、虚步、仆步等，当然还有多种步法配合。步型、步法要求运用得法且多变化，又能达到举步一致，才能够出神入化，具备艺术观赏价值。

舞狮中的重要环节还有击打乐的鼓、锣、钹伴奏，此乃狮艺神态表演达最佳效果的重要组成部分，在狮艺形神逼真、套路完成与否中起着重要的决定作用，舞狮中是以七种伴奏来演绎狮形八态。七种伴奏为轻、重、快、慢、急、缓、停等种类。轻：则轻打、点打、利用手腕之力；重：则重打高起高落，利用肘和肩、腰、腿之合力；快：则是节拍快、拍与拍之间快，利用腕、肘之力；慢：则是节拍慢、拍与拍

之间慢；急：则是每拍之间鼓点数多；缓：则是每拍之间鼓点少。舞狮中要表现狮的神态的狮形八态为喜、怒、哀、乐、动、静、惊、疑，这些是醒狮在采青过程中要逐一演绎的。就是要以喜、怒、醉、乐、猛、惊、疑、动、静、醒等体现狮子的时而雄壮威风、勇猛威武，时而嬉戏欢乐、幽默诙谐，才能将狮子神态表演得惟妙惟肖、出神入化而淋漓尽致。成功的表演往往让观众从中看出或悟到狮子在表演中的各种思维、各种动作的目的，把舞狮表演拟人化，赋予人的思想。让人们在观赏舞狮表演中时而紧张、时而惊奇、欢乐、陶醉，一方面从中得到人生感悟和启迪而思想升华，另一方面也是得到美好的艺术享受。

2. 塞桁（打陀螺）

塞桁（壮语：jianhang，打陀螺）是一种传统的民间游戏，据说打陀螺至今已有300多年的历史。在广西的壮族地区乡村，是一项具有很强的群众基础的运动，首先是普及为日常的群众性娱乐活动，然后被引申成为壮族节日里的一种民俗竞技项目。陀螺，壮语叫"勒桁"（壮族有南北壮语之分，会有不同的叫法）。陀螺有大有小，同时因为材质原因会有轻重区别。陀螺大者如同柚子大，重二斤左右，小的如鹅蛋般大小，重量约二、三两。制作陀螺一定要选用质地优良的坚硬木材，常见的是用番石榴、龙眼等树的树干做成的，当然也有用蚬木、金丝李的，但是这些木材质地过于坚硬，难以加工制作。制作陀螺时陀螺的"头"要削得圆滑，这时用右脚踩着打磨得锋利的砍刀头，右手握着刀把，左手拿稳陀螺，上下移动砍刀以锋利的刀刃把陀螺圆头刮得更加光滑圆润，这是制作中最为原始的手工技术，也是最有技术含量的一道工序和有效的加工方法。在陀螺脚的正中央钉上一支铁针为轴心，其作用一是为了使陀螺旋转顺畅，二是防止木材的陀螺脚尖部位磨损过快而使陀螺更耐用。

"赛"的时候细小麻绳从陀螺的脚一圈一圈往圆头上缠，一直缠到自己认为适当的地方，再用右手的无名指和小指夹住麻绳的尾端，迅速发力往地面甩旋出去，陀螺就"呼呼"地转动起来。麻绳的长度是根据陀螺的大小而定，一般为两至三尺长。质量好的陀螺，再加上旋的技术高明，转起来长达七八分钟才会倒下来。打陀螺比赛活动形式总的来说有两种，首先一种是所有参赛选手同时开始旋转陀螺，陀螺旋转时间最持久者为赢家。另一种是两人（两组）之间相互打斗，以三打两胜或者五打三胜定输赢。比赛现场竞争激烈，加油声此起彼，伏热闹非凡，获第一名者荣称"陀螺王"。

陀螺比赛通常由族里德高望重的长者主持，并且选出一位当裁判。陀螺手们听到裁判员一声令下，扯动手中的绳子，并顺势将陀螺甩出去。谁的陀螺转到最后，谁便是优胜者。或以陀螺甩击，谁的先倒地谁为输家。围观的人群里三层外三层，将比赛场围得水泄不通。人们不住地鼓掌喝彩，为陀螺手们鼓劲加油。得胜的小伙子如同英雄凯旋，因此这也是赢得姑娘们钦佩、喜欢的筹码。打陀螺不但能增强人的体质，锻炼人的心理素质和意志，而且具有对抗性、竞赛性、娱乐性等特点。打陀螺从第五届全国民运会开始已被列入了竞赛项目。

陀螺最受小孩子的追捧，不仅能玩还能和别人比赛，享受竞争的快感，尤其是获胜时的自豪感。无论是在晒谷场，或是在学校操场，自家厅堂或大街小巷，你都可以看到一只只陀螺，在一条条皮鞭似的陀螺绳（一根竹竿，绑一条小绳子）的打扫下，使陀螺不停地、美丽地旋转着，看谁的陀螺旋得好、旋得久，气氛壮观热烈。那情景可消除一个人紧张的学习气氛，也可陶冶人的思想情操，促进人的身心健康并一代代流传了下来。

下面是赛桁技术与技巧的基本要点及形式：

缠绳：以右手投掷陀螺者为例，左手持陀螺，脚钉朝右，右手拿绳线，左手压住绳线前端，注意的是绳线前端尽量离陀螺脚近一点，以免绳线松脱时，无法达到完全摩擦陀螺身的最大效益，然后右手持绳线往前采顺时针方向缠绕起，前3圈最重要，而且一定要缠绕紧。缠子在陀螺脚与头链接处一直往陀螺上前端缠绕，如此往陀螺顶端缠绕绳索即可。在最后绳线末端留一些余线，右手食、中指张开夹住线端，接着右手握陀螺，陀螺脚钉朝左，中指对准目标物拇指在下，然后往前投掷等到陀螺快离线时，手腕轻

轻往下压，则陀螺即能旋转于地。其实陀螺钉可朝前或朝下，只要不朝右，陀螺都可顺势旋转。

站姿：投掷陀螺的姿势很重要，不管是立姿或高跪姿。在立姿方面的投掷动作呈小弓箭步，两脚张开约与肩同宽，身体的重心稍微向前倾；而跪姿动作采用高跪姿来表现，因为其姿势看起来比较有精神、有活力，即跪姿时臀部不接触到脚部，脚弯曲呈直角，身体与大腿尽量呈一直线，这些是基本投掷陀螺常用的立姿与跪姿动作，当然在此前提下每个人会有自己合适的动作体态。

绳长：在赛巷的过程中，不管投掷陀螺的技巧好坏与否，要将陀螺投掷于目标物，则绳线的长短很重要！初学者事先最好以绳线的长短，作为投掷者站立位置与目标物之间的测量距离，绳线的裁切最好长短相同；等到投掷的距离能在掌控当中时，则投掷的准确率就能达到十之八九，甚至百分百的命中率。

出手高度：要将陀螺准确地投掷至目标物，持陀螺的手其摆动及陀螺出手时的高度就显得格外重要。首先，持陀螺的手往前伸直，用眼睛测量手的位置是否位于目标物上方；再来是注意手摆动次数不要太多，只要一两次即可，但不是随意摆动，而是集中注意力专注地自然摆动，当眼睛看手的摆动至目标物上方时，即可掷出陀螺。千万不要手低于目标物的高度，不然陀螺投出去时距离目标物的差距会很大。

当一个力学系统（物体）受到数力的作用，若其合力（大小、方向）为零，且各力对任一点之力矩和亦为零时，就称此力学系统是处于平衡状态。换言之，当物体呈现一种动者恒动、静者恒静的状态时，即可称之为平衡。物体在很多情况下都能呈现平衡状态，不只是在静止的时候，当它在动的时候也会达到平衡（包括星体的运行也是），有些平衡状态能持久，而有些只是短暂现象。一般而言，静态的平衡大多属于稳定平衡，动态的平衡则多属于不稳定平衡；当陀螺受力旋转时，因各方向离心力总和达到平衡，因此陀螺能暂时用轴端站立，保持平衡现象，接着受到空气阻力、地面摩擦或陀螺重心问题等各因素的影响，使其旋转的力道逐渐减弱，等到旋转的动力消失时，陀螺也跟着左摇右晃地倒了下来。因此，如何制作挑选好的陀螺、拿捏抛掷的力道与掌握要诀，让陀螺抛得更准，转得更久，便成为玩陀螺者挑战的终极目标了。

第十六节　美食文化

在欣赏大新山山水水的美景间，我们也可以品尝到它别样的美食，挑动着每个人的味蕾，让我们领略了在大新地区独特的一些饮食文化。

壮族的艾叶糍粑、粽粑、糯米饭、五色糯米饭；用肉类制作的食品有生血、猪血肠、鱼生、酸肉、白斩鸡、烤整猪、琵琶鸭、珍珠鸭、碳烤乳猪、传统米花糕；风味小吃有沙糕、米花糖等以及山珍野味，独具特色。当然，还有沿边的特色美食：越南水豆腐、蚂蚁炒鸡蛋、木碌鱼、土鸡汤、越南卷筒粉、越南春卷、竹筒饭。还有具有娱乐趣味又有诱人香味的"搏闷（窑红薯）"，这是非常吸引人的一道寓吃于玩的特色美食（图4-46～图4-48）。

图4-47　壮家五色糯米饭

图4-46　碳烤乳猪

下面选取一部分来到大新不得不进行品尝的美食推介。

1. 假蒌

假蒌一般生长在村边的竹林缘或和竹子混生在一起，它的叶子跟胡椒的叶子很相似，叶面光亮有革质，有 种特异的香味。它的花白色，由多数的小浆果集合而成圆柱状，也有特异香气。

假蒌，一个很陌生的名字，其实，如果你生活在南方，尤其是生活在两广地区的话，名字虽然可能感到陌生，但对食物一定不陌生。假蒌就是一种在南方 广为使用的美味的调味品，人们常用它的叶子来做菜，它的美味经常和紫苏叶相提并论。

那么，在大新的假蒌很多可以说是生长茂盛，是当地一道常见的食材。在沿边壮族包粽子时用假蒌叶包肥猪肉作馅，一是可以消除猪肉的肥腻，二是中和糯米的湿热，祛热毒。他们通常会先把猪肉切成条状，放到一个盘子里，拌上盐、油、五香粉等调味品，然后就会用假蒌叶子卷起猪肉条，再把包着假蒌叶的猪肉条包进糯米里，这样做起来的粽子，吃起来不仅特别香，而且由于假蒌叶的原因，中和了猪肉的油腻，还会让人吃着香而不腻。另外，也用其叶子煮假蒌饭，有特殊香气。此外，假蒌叶还有其他的调味用途。

假蒌牛肉饼也是一道美味的菜肴，这是一道著名的具有大新壮族沿边特色的美食，据说还入选了"越南菜谱"系。它的做法是：首先将精牛肉剁成泥茸状，放进生粉、小苏打、盐、胡椒粉、味精、生抽、适量麻油等调料及适量的水，拌打充分至起胶，然后将假蒌叶洗净，抹干水分，在每张叶面拍上些生粉，用假蒌叶上下各一张夹一份牛肉胶，压扁、修理整齐待用；最后将油锅烧至六成热，放入假蒌叶夹着的牛肉进行油炸，炸至牛肉熟后捞起装碟即成。这道菜的特点是：色彩碧绿，外形美观，入口清香，外脆内爽。这道菜的制作关键是牛肉要充分打起胶，同时油炸的火候要掌握好。

其实假蒌叶可能就被应用在我们不经意吃的一道菜里。比如说，"炒田螺"这道菜。在很多地区，会放紫苏、假蒌、酸笋，然后加一点姜、蒜半炒半煮就做好了一道有特色的菜肴。听说和大新比邻的越南人还会用假蒌叶来做沙虫汤，我想一定很美味，想必毗邻越南的大新人也一定存在这样的美味，有机会一定要尝一尝。假蒌不光有美味的食用价值，它还有很高的药用价值，它可以用来温中散气，祛风利湿，消肿止痛，常用于胃肠寒痛、风寒咳嗽、水肿、疟疾、牙痛、风湿骨痛和跌打损伤。假蒌这个对于在大新生活的人们并不稀奇的植物，正是它独有的特色味道，让那些到大新旅行的异乡人感受到了大新的"味道"。

2. 鱼生

壮乡有一种美食叫做鱼生，没有去掉鱼皮的鱼生则成了为了当时在场男士的一道主菜，而很多女士都觉得他们吃得津津有味的鱼生却过于硬，仿佛在咬鞋底。直到吃到别的地区的鱼生，才发现，原来鱼生就和刺身一样美味，还比刺身多了一份耐人寻味的感觉。

大新不少人喜欢吃"鱼生"，有的地方仍保留这个习惯。在大新鱼生的做法就是用 3～4 斤以上鲜活的野生河鱼，剥去鱼鳞，除去骨刺，切成薄片，并用干净的餐纸抹去水、血，有序地摆放在碟盘上。用花生油、盐、葱白、炒花生、香醋、香菜、鱼腥草等拌匀作佐料，吃时把佐料放到小碗里，用上生鱼片放进碗里捞匀入味后吃用，味道鲜美可口，好饮酒的人特别爱吃这种鱼生。

3. 枇杷鸭

这里说的枇杷鸭并非指鸭子是吃枇杷长大，也不是说鸭子长得像枇杷，而是大新壮族人民在劳动生活中发明的一道吃鸭子的做法。即选用成年的土鸭，杀好洗干净后倒挂着

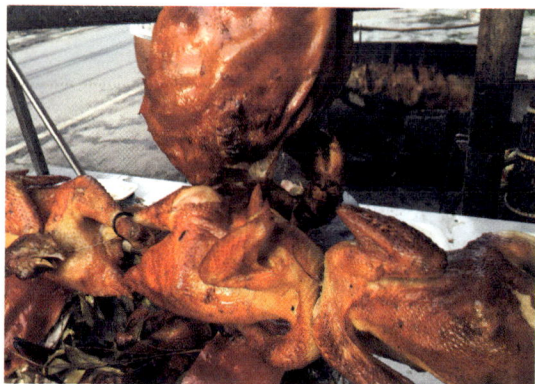

图 4-48　枇杷鸡、枇杷鸭

滴干水渍，用盐、酒、八角、桂皮等佐料腌制一个晚上。第二天以烧烤炉用上好的木炭进行烤制，在烤前先将洗净的枇杷叶塞满鸭肚子，然后在炉火上慢慢旋转烧烤。需要注意的是炭火不能过旺，否则外面表皮焦糊了，里面的肉还没有熟。经过两个小时耐心地烧烤，黄灿灿、香喷喷的枇杷鸭即大功告成。此时，这枇杷鸭外焦里嫩，精彩之处就是有一股特殊的枇杷叶子的清香，这就是传说的大新枇杷鸭，大家有机会来到大新时绝不要错过品尝这道大新特色的美食。

4. 龙须菜

龙须菜是大新本地的野菜，是一种多年生木本植物，怕寒冷，喜湿润，气温15℃以上开始抽发新枝芽。以其嫩茎为食，可炒、可做汤，香味独特，口感柔脆，具有清热排毒的作用，属无公害、无污染的绿色食品。清明时节，大新壮民家里都要吃龙须菜，因为传统的说法是此时吃龙须菜可以排去人体里一个冬天聚积的秽气，会使身体强壮、青春焕发，像春天迎来勃勃生机而辉煌灿烂。

龙须菜本身很鲜嫩，在它长出来之时就像一个婀娜多姿的少女在风中摇曳着，故而还有一个好听的名字"姑娘菜"。当然，其中还有时间短暂的寓意吧。

5. 豆腐

豆腐在我国从南到北都是一道既普通又美味的佳肴，其营养丰富，性味甘平，均利于增补益身，长期以来人们最喜爱之美食。豆腐传统制作技艺有着历史悠久的传承，豆腐的制作技艺，很多地方都有，它通过简单的工具和手工技艺，很容易就可以制作出来。但每个地方根据自己的特点而有所不同，味道更是独特。

通常的制作方法：原料处理。取黄豆5kg，去壳筛净，洗净后放进陶缸内浸泡，需要注意的是浸泡时间一定要掌握好：冬天浸泡时间为4～5h，夏天浸泡时间为2～3h。浸泡时间不能过长，否则会由于失去浆头而做不成豆腐。磨豆滤浆：黄豆浸好后，捞出，按每kg黄豆6kg水的比例磨浆，用棉布缝制成的袋子将磨出的浆液装好，扎紧袋口并且用力将豆浆挤压出来。第一次豆浆榨完后，可开袋口再加3kg水拌匀，继续榨一次浆。一般10kg黄豆可以出豆浆60kg左右，出豆渣约15kg。在榨浆过程中，注意不要让豆腐渣混进豆浆内。煮浆点浆：把榨出的生浆倒入锅内煮沸，在煮的过程中可以不盖锅盖，边煮边撇去面上的泡沫。火要大，但注意控制不能太猛，防止豆浆沸后溢出。豆浆煮到温度达90～110℃时即可。煮的温度不够或时间太长，都影响豆浆质量。把烧好的石膏碾成粉末，用清水一碗（约0.5kg）调成石膏浆，冲入刚从锅内舀出的豆浆里，用勺子轻轻搅匀，数分钟后，豆浆凝结成豆腐花。关于石膏粉的制作也是有讲究的：将生红石膏250g（每kg黄豆用石膏20～30g）放进火中焙烧，这是一个关键工序，石膏的焙烧程度一定要掌握好（以用锤子轻轻敲碎石膏，看到其刚烧过心即可）。石膏烧得太生不好用，太熟了不仅做不成豆腐，豆浆还会有臭鸡屎味。当然也有用卤水点浆的。

制作水豆腐：豆腐花凝结约15min内，用勺子轻轻舀进已铺好包布的木托盆（或其他容器）里，盛满后用包布将豆腐花包起，盖上板加压10～20min，即可成水豆腐。这些是最为基本的制作程序，但是在大新沿边壮民制作的豆腐味道特别的嫩滑而鲜美。首先是其黄豆的选材必须是当地种的黄豆，再一个必须是用石磨手工研磨，并且注意控制碾磨的速度，过快则豆浆太粗，影响口感，即慢工出细活。另外一个原因强调必须是手工石磨研磨，因为如果是机器打磨，一是豆浆过粗；二是机器打磨是会产生温度而使豆浆加温，而失去原汁原味；三是必须是石膏来点豆浆。当然，豆腐传统制作技艺是历史悠久的传统手工技艺，这个也是有非遗传承的内涵因素，也就是人的经验与技术的因素。

6. 五色糯米饭

游历了大新的山山水水，品了大新的各色美味，总的来说，在大新的时光总是五彩斑斓的，就像随着餐桌旋转的五色糯米饭，是绚丽多彩、五彩缤纷、温暖人心的。

五色糯米饭，是一种用糯米紫番藤、黄花、枫叶、栀子、红蓝草为天然染料的糯米饭。它是布依族、壮族地区的风味传统美食。每年农历三月三或者清明时节，广西各族人民普遍制作五色糯米饭，有着吉祥如意、五谷丰登的美好寓意。

在大新关于五色糯米饭的来历还有三个不同版本的美丽传奇故事：

第一个传说是，古时候壮家村寨有个叫特侬的年轻人，因他的父亲去世的早，他便只能和瘫痪在床的母亲相依为命。特侬是一个非常孝顺的人，即便每天上山砍柴，都要背着残疾的老母亲以便照顾。趁着特侬到山那边砍柴，猴子悄悄地溜到母亲身边，把一大包热气腾腾的糯米饭抢走了。母亲无法动弹，只能眼睁睁地看着猴子抢走了糯米饭。一连几次都是这样，特侬有点无可奈何了。看着一边饿极了的母亲，特侬随手扯着身边的枫叶，想着怎样不让猴子抢走糯米饭呢？突然，特侬发现自己掐枫叶的手被染上了黑色，顿时灵机一动，立即动手把树上的枫叶割回家，捣烂后用水浸泡，得出黑色的液汁，再将糯米饭放到黑液汁中浸泡。第二天将黑色的糯米捞起蒸煮，顿时一股清香弥漫全屋。母亲在屋里喊，什么东西这么香啊！特侬兴奋地说，达咩（壮语，母亲），这是黑色糯米饭，多香多甜啊！这一

天正是农历三月初三。清晨，特侬带着母亲上山砍柴，他用芭蕉叶包着黑色糯米，并故意露出一点黑乎乎的颜色。猴子看见了这么一大团黑乎乎的东西，以为特侬在用什么毒物诱骗它，碰也不敢碰，便逃之夭夭了。从此饭团不再被猴子抢走，后来这种方法就得以延续、传承。

第二个传说是，一对年轻的夫妻听到箩筐内的谷物抱怨说各种植物都有好看的花衣穿，而稻谷却没有，于是他们便想办法，采摘各种植物染色给谷物穿新衣，来讨好谷物之神，以祈求以后连年丰收、五谷丰登。

第三个带有神话色彩的传说则是关于壮族的民族英雄。传说有位才智超群的壮人韦达桂在土皇帝手下为臣。一年大旱他为解除百姓疾苦，奏邀土皇帝亲往壮乡视察，用计使皇帝免去皇粮。土皇帝后来发觉上了当，把达桂视为眼中钉，下令捉拿他归案，壮乡百姓闻知连夜送达桂上山躲藏。皇兵捉拿不着就放火烧山，那天正是农历三月初三。皇兵走后，乡亲们在一棵大枫树洞里找到达桂尸体，含泪把他葬在枫树旁。以后的每年三月三，壮民常拿着糯米饭到其坟前祭奠缅怀。有一天，祭奠时忽然狂风暴雨、电闪雷鸣，坟上各种植物的汁液落入糯米饭中并将其染成了五颜六色，随后韦达桂从坟中破土而出，化为巨龙腾空而去。

这三则分别是孝敬父母、祈求五谷丰登和缅怀英雄的故事，这些故事主题从侧面烘托了壮家儿女善良的性格，对人的尊重，和对生活的美好期许，五色糯米饭更是作为壮民祭祀祖先、招待客人等重要活动中不可或缺的一道食物。

7. 艾糍粑

大新每年农历二月初二是"龙抬头"的民族传统文化艺术节，节庆活动内容丰富多彩：牛王争斗、上刀山、下火海、

山歌王对唱比赛……同时也是大新县壮乡山村的"艾糍节"，艾糍粑是大新县的特色小吃，农历正月的几场春雨让山村的房前屋后、山脚路边、田头地角的艾草散发出阵阵清香，村民们利用工余时间前去采摘、回来洗净置于大锅里加水烧沸捞出，与碾打好的糯米生粉、黄糖片三者混合放进石春中舂溶舂匀，捏成一只只艾糍包，中间以花生黄糖为馅，然后外面用芭蕉叶裹包成一包包，放置蒸笼蒸熟即成，这就是有名的地方美食——"艾糍粑"，这"艾糍粑"具有一种特殊的香味和清爽的口感。这吃糍粑的习俗，传说是吃了不怕雷公叫！当然村民还要劏鸡劏鸭摆酒设宴招待亲朋好友，共同祈求新的一年和谐安康、风调雨顺、五谷丰登。

8. 苦丁茶

大新县万承苦丁茶是我国南方稀有的名贵茶种，《辞海》中写道："苦丁茶，产于广西万承县（今大新县龙门乡）……"（图4-49）。据说大新所产的苦丁茶历史上早在元、明、清朝时期就曾作为皇帝的贡品进贡，可见其品质非同一般。苦丁茶是冬青科冬青属常绿乔木，俗称茶丁、富丁茶、皋卢茶。苦丁茶中含有苦丁皂甙、氨基酸、维生素 C、多酚类、黄酮类、咖啡碱、蛋白质等 200 多种成分。其成品茶清香有味苦、而后甘凉，具有清热消暑、明目益智、生津止渴、利尿强心、润喉止咳、降压减肥、抑癌防癌、抗衰老、活血脉等多种功效，素有"保健茶""美容茶""减肥茶""降压茶""益寿茶"等美称。

本来大新的生态气候等环境就适宜苦丁茶的生长，近年来大新县委县政府更是充分贯彻国家扶贫政策，引导农民大力种植苦丁茶，使大新苦丁茶的生产走上了良性的发展轨道。全县从事苦丁茶种植、加工、销售的相关人员就超过了 10 万人。据相关资料显示，自 1980 年代用种子育苗成功后，大新就开始大力发展苦丁茶生产，从而使大新的苦

丁茶产业取得了较好的成效，现市场价格达到了 400 元一斤。产品更是畅销我国东南沿海省市及东南亚二十多个国家和地区。大新是苦丁茶的原产地，在 2003 年中国优质农产品开发服务协会就授予大新县"中国苦丁茶之乡"的称号（图 4-50）。

图 4-49　万承县苦丁茶老树（孙舟摄影）

图 4-50　龙门苦丁茶老树，其胸径达两人合抱之大

第五章

保护与传承发展

大新县拥有非常丰富的原生态自然资源，这是大新人民的宝藏，也是我们全人类的宝藏。进行原生态旅游开发的前题是必须尊重她，要有与自然共生共融的理念，如不对大新县的原生态环境进行保护性规划而只是盲目开发，就会造成当地生态及旅游环境的严重破坏。如果只是一味地对原生态自然进行索取而造成了不可弥补的破坏，将是我们人类的损失。这是作为设计师、地方领导乃至当地民众必须清醒认识到的问题和头等大事。

第一节 陇鉴屯壮族干阑民居的保护性开发

陇鉴屯与德天跨国大瀑布相距仅几公里的距离，村屯对面就是老木棉度假村，属于德天瀑布景区范围的旅游经济圈，陇鉴屯的规模及名声方面在旅游经济角度来看是不起眼的，不具太大的优势可言。因此就要认真考察策划，审时度势，避短扬长，形成特色才能真正地可持续发展。

1. 导入中国传统审美哲学思想

我们要遵循中国古人提出的"天人合一"的思想观，指导实际建筑、环境景观的改造实践。在古代中国，很早就形成了极为丰富的哲学、美学思想，在设计表现手段上完全可以合理应用中国传统文化思维来指导实践创造活动，使其更具功能与美感的统一性。

中华民族传统自然观的"天人合一"即将人与自然界辩证统一结合，把具体个体的"人"与赖以生存的"自然"一体化，把人的一切行为以及精神取向融汇于自然界之中，使人与自然相互感应、和谐稳定地演进，共同演绎"天人合一"的理想境界。

在美学方面，中国传统美学主体捐倡整体性平衡美，追求自然环境与意境之间的密切关联，追寻一种人类与自然界之间的本源关系。中国传统美学讲究艺术所传达的意境美，以具有东方独特的整体思维方式主导着各种艺术实践。以独特的美学境界美通过艺术实施者思维价值观和审美取向融入到现实的艺术活动中去。

中国传统美学观念所体现的，是主、客观物质、精神世界的辩证统一，它不是对客观事物的简单描绘，也不是艺术创造者主观意识的随意拼凑，它所追寻的是艺术创作的"外师造化，中得心源"的内心美学观念的表述。中国传统美学观念的实质内涵，在审美意识上包含了两层寓意：一是对客观事物的艺术展现，二是对艺术创造者主观精神的外在表现，二者的辩证统一联系组成了中国传统的美学价值观。所以，邵雍《善赏花吟》言："人不善赏花，只爱花之貌；人或善赏花，只爱花之妙。花貌在颜色，颜色人可效；花妙在精神，精神人莫造。"从中国传统美学思维来看，"美"是万物间所蕴藏的人格化精神，事物之美的本质在其精神。

中国经典《易经》中"生生之谓易"，讲解了自然界中的生命之美，其用中国特有的思维方法解释了人类生命与自然界之间的关联，二者在内部具有统一性，充满了生机与美学韵味。宋代艺术家郭熙《林泉高致·山川训》言"真山水之烟岚，四时不同；春山淡冶而如笑，夏山苍翠而如滴，秋山明净而如妆，冬山惨淡而如睡。"把大自然的山水之美主观拟人化，正是艺术创造者内心理想境界的自然流露，由此看来，这种人格化的精神推崇，是一直以来艺术审美活动中潜在的精神价值，正是指导我们建设生态乡村的可借鉴之处。

图 5-1 民居改造外观设计图

2. 陇鉴屯建筑功能、环境景观的改造

目前陇鉴屯居民都在往外面搬迁，整个村屯建筑环境由一家旅游公司管理，但是只是一般性的旅游参观项目的经营。现在部分建筑因为没有人居住，已经坍塌废弃，村庄并没有积极的保护与建设的措施。

陇鉴屯的民居建筑在大新乃至桂西南地区，从村屯整体结构到单体建筑显得比较特别而且少有，具有很高的建筑学、民族学、宗教聚落等研究价值，旅游业还可以作为其附加值，所以单从保护角度考虑已有其学术研究的地位与意义。

村屯改造的总体思路：整旧如旧、风貌延续、新修协调。

建筑整旧如旧——村屯建筑整治改造时充分尊重建筑现状，在现有基础上进行有机改造，使其村庄整体风貌协调统一，在功能上加入现代宜居理念。

按照常识，房子没有人居住，很容易损坏。但是随着城镇化建设的发展、外来文化的影响、外出务工的倾向、旅游业的开发，村民们在思维方式、审美趣味、价值取向的心理结构上都发生了很大的变化，已经是不愿意在这种传统老房子里居住了。面对这些现状与矛盾，我们可以从生态博物馆的概念来实施。即严格按照原样选一至两栋建筑，以活标本的形式保留。当然，是在干净卫生的前提下的原汁原味展示，有些状态可以是高仿，比如一楼的牛、猪等牲畜。

当然，其他的房子可以在保护其原来外观形态的前提下，进行内部空间重新进行规划。在建筑的一楼右边（或左边）开门，在内部里面建阶梯上二楼，二楼原来的门廊与晒台修建成一休闲空间。一楼另边分割为厨房和卫生间，二楼内部建为一室一厅，前面是起居室与门廊连通，靠后面一间是卧室。以当地的斗笠、蓑衣、磨盘、木车轮毂、猪（牛）槽、鱼篓甚至犁耙、水车等作为装修器物，形成具有本土特色的室内空间。房屋建筑材料的木材、岩石、竹材、泥土都是本地原料，因此和周围环境、自然肌理非常协调，相得益彰，乡土味十足。村屯格局上都是尊重地形而形成整体的布局和肌理，使建筑和自然的关系，在体型、体量、空间布局、建筑材料乃至材料色彩等方面，形成纯朴、自然、生态的特征。如此，不失为具有当地元素的民宿客房，以此特色来吸引游客。

景观风貌延续——重新规划整治时必须遵守延续村屯整体生态景观，通过功能更新和完善，提升村庄景观品质。

陇鉴屯周边的乔木主要是车筒竹、榕树、龙眼树、荔枝树、羊蹄甲、木棉、松树、金花茶、槐树等，村屯里面灌木主要有扶桑、山茶花、山黄皮树、枇杷、杨桃、芭蕉、紫薇、棕树等。这些已经形成了自然的生态景观。

面对陇鉴屯如此美丽、原生态的自然山水，应该以中国传统山水人居的思维来定位。在一个幽静的生态环境中，营造一个推窗见山、开门见绿，山长青水常绿，与自然和谐共存的"天人合一"的境界。根据陇鉴屯自然山水的秀、小、奇、特、边的地域特性来发展定位。根据乔木、灌木的生长周期，高矮状态来进行设计。尽量保留原有符合陇鉴特色的民居风格，保护本土树种，慎重引进外来树种，维护植物生境和动物栖息地的质量。保持景观在结构、功能以及时间变化上的多样性，同时配合考虑建筑景观、文化景观、农业景观的协调关系，形成具有层次感和空间感的景观多样性。

新修协调——在重修的建筑中材质与手法应当考虑与当地

普遍做法的协调，建议还是以当地的山石、木材、竹子和泥土为宜。

陇鉴屯属于小型的村庄，只有二十几栋传统干阑建筑，村屯空间结构呈长条状，没有一个较大的空间。经现场考察，正好中间的位置有两栋坍塌的民居建筑，可以考虑建造一处演出、聚会的场所。其建筑形态还是保持原来的构架，但是又要有舞台表演的功能，虽然是重修，建造一定要与其他建筑相互协调，禁止出现釉面砖、纯色彩钢瓦、水泥墙面等与传统风貌不协调的材料。

3. 传统文化的人文景观

陇鉴屯的人文形态还是有其传统特色的，主要体现在民俗山歌、祭祀以及老水口建筑等方面的形态景观上。

目前的旅游项目中已经有对唱山歌节目，其中有本土的山歌对唱，还有越南妇女的山歌表演。这些都还存在着许多欠缺，有待整合、提升、完善。

按传统风俗干阑的建成，均被认为是大吉大利的事情，搬迁之日，亲友云集，大举庆贺。当天，主家的头件大事是庄重地把祖宗、牌位、香炉等迁进新居的中堂台位之上。然后杀猪宰鸡进行祭祖活动，有的还请道公、巫公前来背诵经文，整个活动庄重而又热烈，对未来生活充满着信心，充满着希望。这些都可以进一步整理，形成一种民俗形式而传承保留。

结尾

几千年来中华民族一直崇尚人与自然之间的协调，相互之间是关联、密不可分的。强调人类要效法天地、顺应自然，

图 5-2 民居改造梯间设计图

图 5-3 民居改造茶室设计图

追求与自然和谐相处，这样才能使人与自然界的关系更加和谐统一。

陇鉴屯整体建筑庄重淡雅，无彩色粉饰，不尚攒角和多角，更无圆拱。建筑以适用为主要功能，户外环境景观也是当地树种，果园菜园篱笆或山石片垒叠或竹片围挡，村屯建筑环境肌理体现出质朴、大方、淡雅。"美在宜不在妆，雅在清不在艳"，整个村庄与周围绿水青山环境非常协调，亦是壮民质朴憨厚审美观的体现。既有中国农耕传统聚落的宗族、吉祥的人文内涵，又有原生态山水的自然景观形态。

在中国哲学和审美判断中，现实艺术活动的最高阶段，不光在事物的外部形象，更是事物内在精神寓意之所长。所以，在中国传统哲学观和美学价值观之中，高级别的审美活动就是生态自然。它是一种生机勃勃的，具有审美"意境"的，是含蓄的、自然的、内敛的、温润的，而又是有意味的。实际上将事物所表象的外在属性有机转化为内在情感意蕴，正是中国传统美学观所展现的境界之美，将人与自然之间的关系回归源本状态，营造一种生生不息的"意境"之美。中国传统生态文化的精髓就是在自然山水中追求一种可赏、可玩、可游、可居的一种亲临性。近距离地接触自然山水，

达到你中有我、我中有你的"融合"境界，体验那一木一世界，承载着历史与现代的文明；一叶一轮回，循环着有限与无限的往事（图5-1～图5-4）。

图5-4　民居改造休闲空间设计图

第二节　大新县城景观文化设计

当今的环境景观设计除了完成必要的功能，还要有关注环境生态保护与开发相互关系方面的内容，当然也要运用有关学者专家的专业学术理论及实践经验来指导，本项目是广西沿边大新县城的景观环境设计项目。

1. 大新县的自然生态景观

广西大新县是中越边境上的一座小县城，中越边境在20世纪七八十年代因为曾经的一段战事，致使大新县各方面开发缓慢，所以使得它相对比较落后。正因为这样使得这片土地的原生态环境保存得比较好。大新的自然环境景观是很丰富、很生态的。最具有代表性的是德天瀑布、黑水河湿地公园、明仕田园风光、恩城自然生态保护区等。

德天跨国大瀑布在中越边境的归春河上，这条河流是发源于广西百色靖西具境内的鹅泉，清澈的泉水汨汨涌出，形成了一条河流，然后从靖西中越边境口岸流往越南，在越南兜一个圈又流回到中国广西大新县硕龙镇的德天屯。河水流到德大屯这个地方突然欢腾而下，形成壮观的跨国瀑布。她是号称亚洲第一大、世界第三大的跨国大瀑布。德天瀑布的瀑布群，高有60m的落差，有200m的宽度，并形成三级的天然瀑布。

德天瀑布如同有感情似地随着季节的变化而变化，会有丰水期与枯水期不同时段的景象：丰水期的时候气势磅礴，有气吞山河的壮美；到了冬天就细水长流，宛如一位纤细的仙女，婉约而柔美。瀑布随着季节的变化而呈现出各种多姿情态，与四季共交替，与日月同辉。

明仕田园，可以说是湖光山色，是一个非常美妙、休闲度假的好去处，比如春天一片片稻田、绿油油的秧苗，或者秋季稻子金黄的时节，显得非常美丽漂亮，汇聚集许多摄影和美术绘画的游客朋友。这里还有非常清澈的溪流，夏天可以在上面泛舟观赏以及戏水游玩。这里所展现的精彩的风景，不用什么特别的照相技术，就能够照出精美的照片，而且不同的时间都有不同的光影色彩效果。

位于安平村的黑水河湿地公园，这一片环境景观非常原生态。当人们划船进入这段黑水河景观融入这一带河段，就会切身感受她宁静惬意的原生态的氛围。所以，我们把这个地方称之为大新的"亚马逊河"，它的植被种类很丰富，完全可以作为植物的研究基地。在黑水河段的上游有一定的落差，水流很急。到下游100m后的水就很平缓，这地方河床水面很宽形成了几个岛屿，岛上是一个非常原生态又很有野趣的地方。这里具有很大的植物物种研究价值以及景观观赏价值。当地的居民都是用竹排作交通工具出行或者打鱼。夏天的时候，游客可以体验自己撑竹排的乐趣，还可以随意泛舟和划皮划艇游玩，是一个非常惬意、放松的度假胜地。

恩城自然度假景区，有一片很宽、水系发达的河床，形成了十几个自然岛屿，很多植物就生长在水中，形成生机勃勃的"水上深林"，也是一个非常自然的原生态景观。非常适合影视拍摄取景，也是"花千骨"的外景拍摄地。当然，在过去近十年发展的过程中，由于没有进行整体的规划，以及强有力的保护措施，因当地居民有意无意地行为而受到一定的损坏。这里自然环境、河流的尺度都不大，人们随时都可以在树林里穿梭游玩、下河游泳，所以具有很强的、宜人的亲近性。

此外，还有格强河、乔苗平湖、榄圩自然风光景区，这些都是水光山色、风景迤逦的原生态的自然环境景观。当然，还有当地的人文景观，比如歌圩和歌会，俗称"隆洞"，还有"抛绣球"等活动。这画面显示的是当地的农民在对山歌。

黑衣壮的头巾都是黑色的，但这里的壮族妇女的头巾是白色的，很有地方特点。

观赏大新生态自然人文景观，不由心生感慨："目光穿透那飘渺的水雾，恍见伊人，在水一方，腰缠春江如玉带，垂首秀发落巢湖，身倚峥嵘奇峰怪石，背靠满山梯田古木，巧笑盼兮，眉目传情。这实在的是一个如诗般浪漫清雅的所在，步步是景，处处含情。人在其中，若画中游，心无旁骛，更无纤尘。"大新的此地此景确实是或多或少地演绎了"望得见山、看得见水、记得住乡愁"的情怀。

2. 再造设计中与地域文脉的关系定位

地域性设计的历史源远流长。如何在城乡设计中传承与发展地域文化，如何表现地域文化及如何处理地域文化与外来文化的关系，是一道摆在我们面前不可回避和逾越且值得我们深思的问题。大新县原生态山水环境景观属于喀斯特地貌，它是经过数亿万年的演变而形成的，具有不可再生性，必须进行重点地保护、慎重地开发。经过深入实地考察，看了整个大新所有的自然景观以及生态植被，完全可以定位为"大新生态山水博物馆"，这个概念就是大新的一山、一水、一草、一木都是博物馆的活化展品。把博物馆的理念放到整个县辖区范围的规划中去实施，以一个全方位的、全新的理念去活化大新境内美丽山水环境的建设。

纵观大新景点分布图，展示的情况有一个问题焦点：大新的自然景观基本上都是在西边。外地所有的游客都是从崇左到大新雷平镇后直奔明仕田园、德天瀑布。旅游完毕后，一部分游客离开大新直接转去靖西，一部分游客在景点里面住，就是没有转到县城去。这里所面临的问题是，所有

的游客都是直接到景点，根本上是不到县城去，县城如何进行改造建设而与前面所述景点形成呼应和配套？

大新县城驻地是桃城镇，桃城在历史上曾经是一座城，因为它的城墙围合得像一个桃子的形状，因而得名。由于历史的原因，现在除了三座城门楼以外，所有城墙已经被拆除毁坏。在县城驻地没有什么吸引力，所有历史文化遗迹或者自然景观都没有很特别的地方，相对于前面讲到的景区那么强的景观效果相去甚远，所以无法吸引游客来到县城，因此这就是大新县城如何建设改造的棘手问题。

县城驻地有一座曾经的养利古城，而今的古城就只留下了三座城门楼：一个东门城楼，一个南门城楼，一个西门城楼，西门外还有一个西门岛。流经县城有两条河流，一条叫利江河，一条叫龙门河。利江河在西门边上河道分叉而围合就形成了西门岛，东边有一座武阳山，北边有一座观音山。这些是县城仅有的旅游资源。

针对县城的情况接下来是要思考如何解决这些问题的思路方案。既然县城里面没有特色资源来吸引游客，那么如何吸引人并且留得住人，就成了关键的问题。为此我们进行了实地考察调研，同时与县领导、有关部门进行沟通了解。大新绿水与青山的结合，形成了得天独厚的瀑布。除了饮誉中外的德天瀑布外，还有沙屯叠瀑布、那望瀑布、板仲瀑布、那布瀑布、归春河瀑滩、那四河瀑滩……无一不是大自然的奇观，既然大新最有名的是瀑布，而县城驻地又没有明显的特色文化景观，那就通过这些考察、挖掘后把大新县整个定位为"瀑布文化"。也就是通过县城的利江河、龙门河的沿岸考察，选定营造一些瀑布节点。这样使县城的人造瀑布景观与大新其他景点的自然瀑布景观协调发展，把大新的瀑布一体化，以此来把瀑布文化做强做大。

图 5-5 新桥造景

图 5-7 广场的灯具、导视牌是用瀑布的"水浪"形态作为设计元素

图 5-6 以新桥的"新"和"炫"来衬托老桥的"古朴"厚重感

图 5-8 广场的座椅是圆润起伏的造型与周边的山体形成协调感

县城城南的龙门河上有一座双拱桥梁，据说是 20 世纪 50 年代中华人民共和国成立初期用桃城城墙的青石板来建造的。龙门桥位于县城南边，是县城的主入口，此桥连接的公路是大新通往雷平、崇左的省道。20 世纪 70 年代在龙门河桥旁边建了一座新桥，因此龙门河桥至今就闲置了 40 多年。根据地形考察，我们在龙门桥的南面计划做一个文化休闲广场，当然要把周边的环境一起纳入设计之中。老龙门桥为景观中心，在北桥头空地建造一传统六角亭，与石拱桥相呼应。在新桥两旁营造一个人工瀑布，打上彩色造型灯光，以新桥的"新"和"炫"来衬托老龙门桥的"古朴"厚重感。同时，在龙门桥的南广场修建三个木构长廊以及观景凉亭。广场的灯具也是用瀑布的"水浪"形态作为设计元素，广告牌也是以"水浪"形态作为设计元素；休闲广场的公共座椅是圆润凹凸起伏的造型，这样与周边的自然山体形成统一的协调感。另外，利用远处的武阳山景区，作为景观背景区域，营造一处高山悬河、瀑布飞落的景象。即运用灯光投影、人工烟雾、水幕投影等现代科技营造瀑布

效果，以此来增加亮点而提高吸引度（图 5-5～图 5-10）。

县城的西门岛是一个重要的景观开发点，首先是西门城楼的修饰，城楼内部赋予原来的宗教文化形态以及观景功能。外部用灯光的面光营造空间感，线光勾勒建筑形态。据说西门岛上在明末清初年间原本建有一书院，据说书院有三百多年的历史。还是把书院重新修建起来，此乃大新的历史文脉的重要体现。同时，在西门岛河道的两岸从上游的水坝引水来营造瀑布景观，在岛屿上及四周河面开发一些娱乐项目：可以在水上泛舟休闲，比如透明船、簸箕船等项目。在县城的这些旅游项目设计都是围绕大新的"生态山水，瀑布文化"来展开推进（图 5-11、图 5-12）。

大新县城除上述的项目，还有养利周边的"桃城十景"尚处于未开发状态：它们是养山叠翠、利水清流、金印奇峰、散花仙岭、呼水吸泉、七星伴月、弄月镜台、武阳灵坛、悬崖仙杖、无怀古城。

图 5-9 休闲广场整体手绘效果图

图 5-10 利用灯光烟雾投影制造瀑布效果

图 5-11 西门城楼的灯光设计

图 5-12　西门岛的景观再造

结尾

大新县的整体旅游项目的开发，在慎重保护的原则下，可以"一动一静"为形式来实施，以这两个大的类型进行有意识的贯彻。动，即早期已经开发的景点：如德天瀑布景区、明仕田园以及正在筹备的板约实景山水演出、板价民俗表演等项目。静，即需要慎重开发、严格保护的原生态景区：如安平黑水河湿地公园、恩城山水景观区、恩城珍稀动物自然保护区、榄圩自然风光摄影基地等。

根据现有的资源以及整体形势发展的需要，有意识地进行规划：

1. 建立一级、二级、三级生态旅游集散地。
2. 建立新的原生态旅游模式，打造高尚的精品旅游景区。
3. 建立多点式"慢·生活"新农村生态保护区。
4. 搭建"互联网＋新农村"特色产品网络平台。

因地制宜——针对大新县内不同的自然环境特点，根据实地情况进行重点治理，采用适宜的原生态环境保护和生态治理的方法在保证基本通行、清洁需要的同时，最大化地保留乡村原始生态特色。如此才能够原汁原味又可持续发展。

第三节　大新瀑布文化博物馆设计研究

世界各地自然地貌丰富多样，拥有大量的瀑布景观，在中国出名的瀑布就达 200 多个。关于瀑布本身的研究已经有了较多的、系统的成果。但对瀑布文化和视觉形态的综合性研究，尤其是集世界著名瀑布景观形态、瀑布历史文化于一体进行综合展示的瀑布文化博物馆目前还没有。本项目基于广西大新县自然山水中天然形成的众多的瀑布群景观现象，引发了建造瀑布文化博物馆的设想并进行设计研究，其创意点是利用当地喀斯特地质形成的溶洞改为瀑布文化博物馆，借用自然生态的溶洞景观来对瀑布景观文化进行多形式、多角度的展示，以及将瀑布文化博物馆的溶洞生态结构形式与展示空间的各种功能相互融合、相辅相成，来诠释瀑布文化的可能性。

广西大新县的喀斯特地貌尤为典型，到处都是绿水与青山，溪流纵横，小桥流水，跌水、叠瀑丰富，在这美丽的自然田园风光中形成了以德天瀑布为代表的众多瀑布群景观。大新除了亚洲第一大跨国瀑布德天瀑布之外还有沙屯叠瀑布、那望瀑布、板仲瀑布、那布瀑布、归春河瀑滩、那四河瀑滩等，形成了这一带大自然的奇观景象，"瀑布文化博物馆"的建造因此而萌发。博物馆通过仿真的实景再结合现代科技手段形成虚实相间、相辅相成的世界著名的瀑布景观，同时配套各个瀑布历史上的文化与名人等版块内容展示。博物馆集大成而又具特色且通俗易懂，形成一个对瀑布的自然环境及人文景观的研究、展示、教育和欣赏的专门场所。

1. 瀑布文化研究

当前有很多关于瀑布的研究文献及其开发项目，其中包括瀑布的概念、形成、种类、价值、空间序列特征以及各种历史事件及丰富、精彩的人文逸事等。

(1) 瀑布的自然形态与种类特性

瀑布又称为跌水，从地质学上看自然界中瀑布的形成是由地球内应力和外应力的共同作用形成的，是一个持久而又复杂的过程。瀑布及其类型的划分中有许多的标准，不同的瀑布形态可以带来比较直观的感受。例如幕帘型瀑布，因为像舞台幕帘挂落而得名，我国的黄果树瀑布就属于这种类型。又如分流型瀑布，世界三大瀑布之一——伊瓜苏瀑布就属于这种类型。山岳瀑布的瀑布水流多为直接跌落，如浙江天台的石梁飞瀑的流水。而更多瀑布属于多级型，在流水的下落过程中历经多次跌落，像台阶一样层层跌落，这里大新德天跨国大瀑布就属于多次跌落；还有浙江诸暨的五泄瀑布和庐山的三叠泉瀑布等。

同样是水域观赏景观，瀑布与湖泊、河流等具有不同的观赏点，瀑布景观的形成是在竖向空间上，它是由于地形跌落而形成的。瀑布的构成可以按照水流分为上游、瀑体与下游，这三者的空间关系有着密切的联系，通常瀑体直接影响到下游空间，影响范围与瀑体的宽度、高度、下游潭池的面积有直接的关联。如黄果树大瀑布在下游形成犀牛潭，德天瀑布跌落的位置也形成了一个很大的深潭和宽阔的水面，也就形成了一个天然的游泳池，这同时就是一个很好的亲水亲瀑的宜人空间。

(2) 瀑布的历史人文内涵

瀑布不仅拥有得天独厚的自然景观，还有着深厚的历史文化，是集自然与文化为一体的综合景源。瀑布文化景观不仅展现各大知名瀑布雄奇壮丽、多姿多彩的自然形态，同时展示历史上瀑布形成中不断繁衍出来的文化故事。各朝各代的文人墨客们都喜欢在名山飞瀑前吟诗赋词，例如王安石留下的千古绝句"拔地万里青嶂立，悬空千丈素流分"，李白在庐山也留下千古绝唱——"飞流直下三千尺,疑是银河落九天"。此外,瀑布周边还有很多与其配套的文化形式留传下来,例如浙江省的天台山大瀑布(又称三井瀑布),其上方就有道教南宗祖庭桐柏宫,周边包括鸣鹤观、琼台观、金庭湖等。这些无疑都为瀑布景观增添了重要的人文色彩。

黄河壶口瀑布除了传说壶口是公元前 2208 年大禹治水时凿石导河之外,在 20 世纪 30 年代抗日战争时期,著名革命音乐家冼星海就是在黄河那气吞山河的壶口瀑布激励中,写下了气势磅礴的《黄河大合唱》这首鼓舞中华民族英勇奋斗的乐曲。对著名的黄果树瀑布徐霞客作了精彩的描述:"透陇隙南顾,则路左一溪悬捣,万练飞空……直下者不可以丈数计,捣珠崩玉,飞沫反涌,如烟雾腾空,势甚雄厉";黄山九龙潭瀑布历史上有文人记载:"飞泉不让匡庐瀑,峭壁撑天挂九龙。"这是对于黄山最为壮丽的九龙潭瀑布的赞誉。加拿大和美国的尼亚加拉瀑布因为流量最大,充分突显了其具有排山倒海之势与雷霆万钧之力的雄浑与壮观,因为声震如雷,被称为"雷神之水",因此也就成为世界第一大跨国瀑布。

2. 博物馆目的作用

博物馆的功能就是对人类文明历史的收藏,同时也提供有研究、教育、欣赏的社会职能,博物馆可以说是人类的记忆储存库,也是自然、生物、人类社会发展的脉络与航灯。时代的迅猛发展激发了多样化的博物馆建筑形态,博物馆建筑的多样性发展也为展示设计提供了崭新的平台、丰富的展陈手法,也使博物馆展示形式进入了新的时代。

(1) 博物馆的发展历史

人类历史发展到了 18 世纪的资本主义萌芽与发展,创立

了与社会配套的各科学门类,并且逐渐形成了整体化和系统化。到了 19 世纪中叶第一次工业革命取得了伟大的成就,就在 1851 年的英国伦敦举行了世界万国工业博览会,也就是第一届世界博览会,展出了当时的工业革命取得的辉煌成果。

在这个基础上人类迈进了 20 世纪,社会的进步、科技的发展,博物馆也日益得到重视,而且在博物馆的样式及展示空间的设计上呈现出了多样化与个性化。整个 20 世纪是博物馆繁荣的世纪,基于工业技术的发展,新材料的发现与技术进步为博物馆建筑及展陈设计提供了更多可能性。

(2) 博物馆的功能

博物馆具有收藏研究、科普展示、教育欣赏等社会功能职责。

博物馆的种类有综合性和专题性的场馆,随着社会分工逐渐细化进而凸显专业化趋势,专题性的博物馆越发盛兴及成熟,因此在建筑形态、展示空间、展示手段上都很具时尚和科技含量。也就是说博物馆完成其最主要的典藏、研究功能后在适应社会发展的诉求过程中,形成多职能的文化复合体,衍变成为一个以观众与展品互动学习交流为导向,让受众从展示信息中学到新的科学技术,成为市民体验和接受科普知识教育的重要场所。把文化主题通过创意性设计与喜闻乐见的娱乐方式结合,繁衍派生出可以综合餐饮、购物、文娱和休闲等活动,挖掘了巨大的附加值,体现出现代的、多功能的、丰富多彩的博物馆综合体特色。

(3) 瀑布文化博物馆

虽然博物馆的种类繁多,但据查证现在世界上以瀑布为主

题的博物馆极少。随着我国风景区开发、自然生态旅游建设的逐渐成熟，瀑布景观的保护与其关联文化日趋受到重视，这将会积极地促进瀑布文化博物馆的良好发展。在国家发展文化产业政策的指导和鼓励下，瀑布文化博物馆作为文化及旅游部门的重要组成部分，势必将得到良好的重视与发展。

3. 瀑布文化博物馆的展示空间

作为以保存、研究、展示、教育和传播为功能和目的博物馆其建筑形态是丰富而多样的，博物馆的建筑一般都是前期规划设计好的，比如国家、省市各种博物馆以及世博会上的各个场馆等；也有一部分是根据时代的需求，重新进改造建筑内部空间功能性质的博物馆。比如，中国的故宫

历史博物院、法国的卢佛尔宫等，它们原本都是国家皇宫性质的建筑；当然，还有著名的法国奥赛博物馆，就是把曾经的一个火车站进行改造而成艺术博物馆。

博物馆建筑综合性地代表一个地区、一个时期的建筑设计及科技水平。博物馆建筑由于功能的复杂性和形式要求的独特性，同时社会对它的关注和期待超乎寻常，源于这些因素造成了它是各类建筑中最难而又最具创造性和挑战性的标志性建筑。

随着人类对大自然的重新认识与回归意识，开始有了把博物馆远离城市中心走到乡村与自然环境融合、与自然和谐共荣共生的理念。如意大利建筑师伦佐·皮亚诺非常注重建筑艺术、技术以及周围环境的结合，他设计的瑞士贝耶

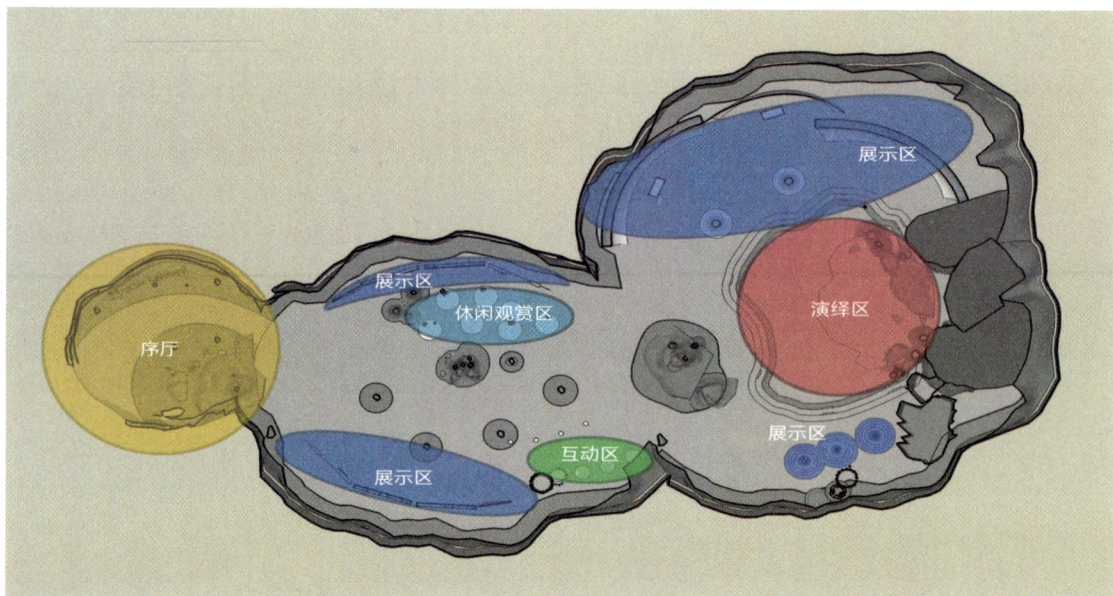

图 5-13　瀑布文化博物馆平面布置分区图

图 5-14　瀑布文化遗产博物馆大门

勒博物馆位于巴塞尔的瑞亨村庄，在这里他实现了将博物馆建筑与周围环境相统一，体现了人造建筑与自然生态相互适应、相互和谐的愿望。还有在苏州博物馆新馆的设计中，著名华裔美籍建筑师贝聿铭针对新馆是在苏州历史建筑环境中之情况，遵循"不高不大不突出"的理念，采用苏州传统建筑的元素、空间和色彩在具有现代形式的同时又与传统有机而巧妙地融合，使新馆很好地与紧邻的忠王府、拙政园的建筑环境浑然融为一体，诠释了园林与博物馆关联的新趋向。这些成功的案例无疑给瀑布文化博物馆有利的启发与借鉴。

世界上作为瀑布文化主题博物馆的建筑至今还没有，所以本案的设计就会有很大的挑战。还有本项目具有特色的地方不是新建造一个博物馆建筑，而是把大自然中的溶洞改造为博物馆的功能空间。

当然，瀑布文化博物馆在具体展示空间设计方面吸取其他优秀博物馆的经验，加上在具体的运用分析上还是可以很好地传达出瀑布形态、瀑布历史人文的展示方法和形式。

（1）博物馆的空间布局

经过多次考察及分析策划，将瀑布文化博物馆选址于大新县县城西面附近 5km 的新力刀山上"十八洞"的自然溶洞内。十八洞是喀斯特地貌自然形成的天然溶洞，地理位置优越，洞内变化丰富。溶洞的入口高 2m，宽 3m，整个洞长 1200m，洞宽 1～30m 不等，各洞面积从 2～8 万 m^2。从入口到尽头有 18 个大小不一的洞厅串联而成，这就是十八洞的来由。本瀑布文化博物馆的选址为天然溶洞内，目前计划运用 2 个溶洞的空间进行设计。尤为注意的是在进行人工建造的同时更多的是保留其原生态的形态空间，即充分尊重溶洞的自然生态性，即使是建造部分也要减少人工的痕迹。

瀑布文化博物馆选址于石山溶洞内部，所以它的空间环境是自然的有机形态，它的平面形态不规则，这一点有别于人工建造有规则的博物馆。因此，我们在进行展示空间、功能分区和人流路线分析的时候，就要尽量遵循溶洞的自然形态，充分发挥想象力，最大限度地结合自然形态空间的合理性，给观众提供一个全方位的参观体验。所以除了认真考察，根据具体的生态环境进行恰当的设计，还要借鉴著名设计师的成功案例。比如著名的现代建筑大师扎哈·哈迪德的设计作品。

扎哈·哈迪德的创作可以分为两个阶段，一个是"几何形态期"；另一个是"塑形期"。她早期的"几何形态期"的作品是将建筑构造以规则的几何形态的板片为主要造型，并制造一种强烈的动势而达到了"动态构成"的特点。从 2003 年扎哈·哈迪德的设计开始进入了"塑形期"，这个时期的作品是以曲线弧面的有机形态为主要造型，它的灵感可以是人情绪的起伏或者音乐的婉转或者自然界动植物的形态。因此，创造出了一种宜人的流动而婉转、自由而连续的建筑形态。

借鉴扎哈·哈迪德的设计理念及形式，可以使当代博物馆展示空间设计根据主题更加灵活与丰富，赋予一种偶然与随机性，形成新的空间内容形式，提升展示空间设计的自由度与连续性，给人以未知又新颖的动态空间效果。

本案例的选址即天然溶洞也具有这种特性，溶洞中的巨型石笋时而是墙时而是天顶又直坠地面，形成了连续的、渗透的整体空间界面的连续性。现代博物馆正是这种展示空间设计，使用一个连续的空间界面来限定空间，即是动态的、流动的连续空间，使得空间更加具有丰富性与趣味性，而且在不同的空间高度连接起来，空间界面在完成展示功能的同时又给人有连绵不断、欲罢不能的效果，形成各种界面处于一种丰富多样性，既丰富其空间界面又起到围合和交流功能作用。

（2）瀑布文化博物馆的功能分区

瀑布文化博物馆共分为三个部分：第一部分为瀑布形态展示；第二部分为瀑布形成的资料文献；第三部分是体验互动。这些以五个功能分区来构成，分别是：序厅、瀑布形成文化、展示区、互动区、休闲观赏区。分别展示瀑布丰富多彩的自然形态、瀑布形成原理、瀑布的历史文化、瀑布的地域特性、瀑布与现代科技等方面。这些形式在具体博物馆展示空间设计中可以通过将展品、多媒体与展馆的展台、展墙甚至顶棚地面形成一个有机体，而营造一个全方位的展示空间，从而达到多样性与丰富性。

（3）观赏性与体验性并存的瀑布区域景观

瀑布是水唱主角，而水又是一种非常宜人的自然资源。古人云：仁者乐山，智者乐水。可见，自古以来人类与山与水有

图 5-15　瀑布文化博物馆序厅

图 5-16 各种瀑布体验区

着浓厚的情感与亲密性,那么我们可以在瀑布文化博物馆中广泛运用,使其成为良好的互动载体。在瀑布场景中可以通过扩展瀑布的水域,在瀑布虚拟落水处营造大面积的水域,构成虚拟瀑布至真实水的景观链,如划船、涉水游玩,在虚拟现场瀑布观赏的同时进一步提高瀑布环境本身与人的亲近性,同时可以布置各种场地,如湿地、沙滩、鸟岛、荷塘、观景建筑物、栈道、亲水平台等围绕在水环境周围,以制造各种机会体验亲水游憩活动,使游客不只是单一地观赏瀑布,还有近距离接触戏水的机会而强化互动体验效果。

4. 瀑布博物馆的有效展示形式

瀑布文化博物馆置于这个自然生态的浴洞中,是非常具有独特性、多元化、个性化展示空间的设计,展示趋势是利于展示效果在不同的视角、不同的模块形成不同的模式,每个展示因素都根据自身特点对展示空间进行多方位的集合,给受众以全因素的、通感式的感官体验。

(1) 场景与自然景物交融演绎瀑布文化

瀑布是集自然与文化为一体的综合景源。瀑布不仅拥有得

天独厚的自然景观,并且还有着深远的历史文化渊源。瀑布博物馆在展现各著名瀑布雄奇壮丽、婀娜多姿自然景观的同时还展示历史上与瀑布相互关联的名人轶事,使之与自然景观交相辉映而相得益彰。

瀑布文化展示的空间设计基于展馆的三维空间即水的平面与跌落的折面加上展示过程的时间维度形成的四维空间因素即"四维连续"设计,"四维连续"设计就是将时间的过程引入到设计概念之中,形成新的空间形式,使参观者感受到全新的时间与空间自由而又紧密的联系空间,在一种不确定中形成从来没有过的感觉,当然在心理上也是有一种未知的探索性的感受,这就是"四维连续"设计形成的动态多维度的展示空间形式。

瀑布文化博物馆进行的情景表演,其形式就是以瀑布为背景类似当今的实景舞台剧,是以自然的景观作为表演舞台,以民族传统艺术中的各种形式与自然环境融为一体。从大型山水实景剧《印象·刘三姐》取得的巨大成功中得到借鉴,当然类似的还有《印象·丽江》《印象·西湖》《梦里老家》《田野狂欢》等 20 多台大型实景演出剧目进行参考。

对于著名的阿根廷与巴西的伊瓜苏河跨国大瀑布,在它的背后也是有着神奇的传说:美丽的公主奈比与某部族首领之子塔罗巴相恋,水神恩波宜妒火中烧,将河化作瀑布,把这对恋人卷入水中。奈比成了河底一块岩石,塔罗巴则化作岸边一棵树。所以,一直以来伊瓜苏瀑布是作家和导演们百用不厌的爱与远方的暗喻。这些案例都将是瀑布文化博物馆实景演出的丰富的题材,在这瀑布文化博物馆里以真实的实景剧目结合气势恢弘的瀑布场景,完全可以达到震撼人心、令人难忘的效果。

（2）数字化展示技术

21 世纪借助数字科技进行展示已经非常成熟，数字博物馆就是通过计算机数码虚拟技术再现历史文物场景，复原活化文化遗产，同时观众可以参与互动，从而达到高效率地完成展示与科普的目的。瀑布是一种自然风景资源，是大自然的天工之作。如今需要在溶洞中重现瀑布景观以及瀑布历史人文景观，除了一些传统的展示手段，更为有效的就是以多媒体技术结合全息影像、环形投影、现代布景、水幕和烟雾等数字化声光电科技手段，按照瀑布的各种类型把著名瀑布多样性、多角度地来展现出来，更好地达到

仿真、亲临其境的效果，逼真地重现世界上具有代表性的几大经典瀑布。

（3）照明及色彩运用

瀑布文化博物馆由于地处溶洞之中，灯光照明的要求和表现都很重要，因此在不同的区域，需要控制好人工照明的强度和数量。瀑布博物馆的序厅入口环节，在自然光下辅助以人工光特殊照明，结合闪烁的色彩的表现，首先激发参观者的兴趣，营造瀑布文化博物馆的神秘而引人探究的氛围。在光的营造方面采用了自然光与人工照明结合的方

图 5-17　过渡空间

图 5-18　实景表演区

式，自然光不仅具有人工照明难以代替的效果，在节约能源的同时自然光也可以起到界定空间、塑造场景的作用。由于光照方面一般是靠近洞口的地方得到的自然光照度强烈，离洞口愈远光照度越来越低，这就需要进行合理的人工照明来完成展示任务。

在总体上整个瀑布文化博物馆的色调像一幅长卷画一样，根据不同的展示板块内容来调整色调，整个博物馆以蓝绿色为主，辅以其他类似颜色，当然还要有少量的红、黄暖的亮的色光来起到对比的作用，以调节情绪、活跃剧情、烘托整个场所气氛。

5. 共融共生的自然生态观

瀑布文化博物馆里的展品大都是珍贵的人类文物和自然的景观遗产，是一种不可再生资源。这也决定了博物馆展示设计需要考虑到自然生态保护的立场和角度，而瀑布文化博物馆除了具备跟普通博物馆相同的性质外，大新瀑布文化博物馆选址于喀斯特地貌的溶洞这本身就是不可再生性，

溶洞资源是非常宝贵的自然资源，所以对展厅的保护也是我们要考虑进去的重要因素，在博物馆中为了保护天然的景观采取了很多有效的措施。例如：对地面进行了抬高的地台层；为了更好地保护，在溶洞石壁的两侧留了足够的距离并且设计了护栏；在石笋、钟乳石等天然景观处也是做了护栏，当然为了充分利用空间，这样的地方也会设计成展架的形式或者设计成多媒体展台，以取得一举两得的功效。

沿边大新县丰富而生态的自然景观是大自然的馈赠，在进行建设和旅游开发时必须慎之又慎，要根据大新自然山水的秀、宜、奇、特、边的地域特性来权衡发展定位。不管是原生态景观的保护传承还是旅游景点的重新开发，都必须回归中国传统山水文化精髓，也就是尽量地达到可赏、可玩、可游、可居的共融共生状态。在这样的状态里面去得到一种与大自然的亲近感，营造你中有我、我中有你的良性生态氛围，感悟一种融合山水中达到"天人合一"的中华民族传统朴素的自然生态观和人生处世态度，追求一种高尚的人文精神境界（图 5-13～图 5-20）。

图 5-19　时光隧道

结语

本项目通过对瀑布文化的特点和其在博物馆展示设计中的作用的研究，结合展示主题多方面的诉求及借鉴各种设计经验，较好地诠释了瀑布景观文化的显现与内涵的展示。瀑布景观作为一种独特的风景资源，存在于远离城市的自然山川当中，而各地各国的瀑布景观形态各异，因为各自的差异所以各有千秋。因为这些不是每个人都可以到达所有的瀑布现场进行观赏、感受，所以通过这个大新瀑布文化博物馆来集中展示。通过对瀑布文化的深度、广度的展现和宣传，以此更好地体验和比较，在这享受、感受中得到教育、学习、娱乐、休闲和放松，此乃本项目的初衷与目的。

图 5-20　休息区

参考文献

[1] 陈天培 . 非物质文化遗产是重要的区域旅游资源 [J]. 经济经纬,2006(2):126-127.

[2] 陈君科 . 当代博物馆陈列展示艺术的发展趋势 [J]. 中国文物报,2002.

[3] 何永军 . 低碳设计在博物馆展示设计中的应用 [J]. 大众文艺,2010(10).

[4] 孙舟 . 百里画廊行 [M]. 南宁:广西民族出版社,2012.

[5] 孙舟 . 安平州史话 [M]. 桂林:广西师范大学出版社,2018.

[6] 雷翔 . 广西民居 [M]. 南宁:广西民族出版社,2005.

[7] 钟文典 . 广西通史 [M]. 南宁:广西人民出版社,1999.

[8] 张声震 . 壮族通史 [M]. 北京:民族出版社,1997.

[9] 黄建成 . 空间展示设计 [M]. 北京:北京大学出版社,2007.

[10] 侯伟佳,王伟光 . 低碳设计在室内艺术设计中的应用 [J]. 中国轻工教育,2012(3).

[11] 胡小强 . 虚拟现实技术 [M]. 北京:北京邮电大学出版社,2005.

[12] 陆军 . 实景主题:民族文化旅游开发的创新模式——以桂林阳朔"锦绣漓江·刘三姐歌圩"为例 [J]. 旅游学刊,2006(3):37.

[13] 李静华 . 数字化博物馆与博物馆的信息化建设 [Z]. 林口县博物馆,2009(8).

[14] 刘志峰,刘光复 . 绿色设计 [M]. 北京:机械工业出版社,1999.

[15] 罗正富 . 瀑布及其类型的划分 [J]. 四川地质学报,1990(4):275-280.

[16] 宋醒 . 瀑布景观赏析与设计 [J]. 中国园林,2004(7):39-42.

[17] 钟蕾,李洋 . 低碳设计 [M]. 南京:江苏科学技术出版社,2014.

[18] 许平,潘琳 . 绿色设计 [M]. 南京:江苏美术出版社,2001.

[19] 徐赣丽 . 非物质文化遗产的开发式保护框架 [J]. 广西民族研究,2005(4):174.

[20] (美)弗瑞德·A·斯迪特 . 生态设计——建筑·景观·室内·区域可持续设计与规划 [M]. 北京:中国建筑工业出版社,2007.

[21] 大新县志 [M].

[22] 广西通志馆 . 中法战争调查资料实录 [M]. 南宁:广西人民出版社,1982:238.

[23] 广西通志·军事志 [M]. 南宁:广西人民出版社,1994:223.

后记

本书是我主持的 2016 年文化部文化艺术研究项目"基于沿边民族文化特性的景观设计研究"实施以来在田野调查、资料搜集及改造案例、思考设计等方面的一系列表现表达的综合记录而形成的书作。本书作得以完成和出版需要感谢的人有很多：首先感谢学校领导、各职能部门的大力支持和资助，以及建筑艺术学院领导班子、各位教授同仁的协同努力得到的成果；当然还要感谢研究生齐烨彤、程天伦、要丽娜、张益弦、许丹丹、黎乐、黄开鸿、黄泽禹、金晶、李洋等各位同学在深入实地考察、资料收集中的辛勤付出；还有项目地点大新县委、县政府领导和职能部门的支持并给予的方便，尤其是县政协蒋诗捷副主席、孙舟老师多次陪同往返于各乡寨村屯山水之间给予具体的指点和帮助；同时感谢设计学院黄仁明副教授对装帧设计的辛勤劳作以及中国建筑工业出版社的李东禧主任、孙硕编辑也做了大量辛勤的工作；在书作付梓前夕荣幸地得到了苏州大学李超德教授、同济大学王国伟教授执笔作序，真乃增彩润色。这是在下乡调研收集资料、书写及编辑出版工作各个环节得到的方方面面的帮助支持，在此再次表示衷心的感谢与真诚的致意。

江波
2019 年 7 月于相思湖